Tanja Buburas
mit Shirley Michaela Seul

# Ein Hund ist ein Herz auf vier Beinen

Tanja Buburas
mit Shirley Michaela Seul

# Ein Hund ist ein Herz auf vier Beinen

*Wie Gonzo meine Angst verjagte*

nymphenburger

FSC
www.fsc.org
MIX
Papier aus verantwortungsvollen Quellen
FSC® C014496


Schutzumschlag: Wolfgang Heinzel
Schutzumschlagmotiv: Ute Hieke, Bad Tölz
Satz: Buch-Werkstatt GmbH, Bad Aibling
Gesetzt aus: 10,6/14,25 pt Sabon
Druck und Binden: GGP Media GmbH, Pößneck
Printed in Germany
ISBN 978-3-485-02829-5
Auch als ebook

www.nymphenburger-verlag.de

# Prolog

Ich blicke in dein schlafendes Gesicht. Es ist so klein, dass es in meine Handfläche passt. Immer wenn ich dich ansehe, muss ich lächeln, und es wird mir warm ums Herz. Seitdem du bei mir bist, fühle ich mich nicht mehr einsam. Und wann immer mir dieses große Wunder bewusst wird, durchströmt mich eine tiefe Dankbarkeit. Dein kleiner, warmer Körper zuckt im Traum. Ich wüsste so gern, welche Bilder du siehst. Ob ich darin vorkomme? Ach, das ist doch egal, denke ich mir. Jetzt bist du da, und wo du bist, ist keine Angst, weil du immer im Jetzt bist. Eine Weile schmiege ich mich in diesen Moment, dann stehe ich vorsichtig auf und gehe in die Küche. Schwupp, da ist ein Auge offen. Die Küche ist ein hochinteressanter Ort, an dem es zweimal täglich Manna regnet. Jetzt auch? Nein, jetzt nicht, wie du schnell merkst. Deine viel zu großen Ohren bleiben trotzdem auf Empfang. Es könnte ja irgendwo etwas runterfallen.

Eine Fliege kommt durch das geöffnete Fenster herein und summt durch das Zimmer. Mit einem Satz bist du auf allen vieren und fixierst den Eindringling. Die Ohren gespitzt bis in das allerletzte Härchen, der kleine muskulöse Körper angespannt, die Schwanzspitze zittert. Ein Satz, und los geht die Jagd, ein wilder Tanz durch alle Räume. Ich öffne die Balkontür und du treibst die Fliege hinaus. Wir sind ein gutes Team. »Das hast du toll gemacht,

Gonzo«, lobe ich dich und streichele über dein struppiges Fell. Fliegenjäger, Angstjäger, Panikkiller, denke ich dabei.

Mit deinen großen, schwarzen Augen schaust du mich an, und ich weiß, dass ich in Sicherheit bin. Ich brauche keine Angst mehr zu haben, weil du sie vertreiben wirst, wann immer sie sich anschleicht. Du erkennst sie frühzeitig mit deinen großen Ohren, dem wachen Blick, der feinen Nase. Du bist wie ein Herz auf vier Beinen. Und seit du bei mir bist, ist das Leben wieder schön für mich.

# 1

Endlich, die Türklingel. Ich hatte ihn schon erspäht, vom Fenster aus. Er war groß, kräftig und irgendwie Furcht einflößend, was mir ein sicheres Gefühl vermittelte. Im Internet waren mir auch seine Augen aufgefallen. Bernsteinfarben. Andere Frauen in meinem Alter warteten auf einen Mann. Ich, 35 Jahre alt, Single, nicht ganz unattraktiv, wartete auf … einen Hund. Andere Frauen in meinem Alter sahen sich im Internet nach Männern um. Ich hatte mir diesen Vierbeiner ausgesucht. Er war nicht zu vergeben, war in festen Händen. Seine Trainerin und er waren ein eingespieltes Team, das merkte ich gleich, wie sie da so locker nebeneinander vom Auto zu meiner Haustür liefen. Die Trainerin war groß und schlank, wahrscheinlich in meinem Alter, und sie bewegte sich wie alle Menschen, die sich keine Gedanken darüber machen, was ihnen zustoßen könnte, wenn sie ihre Wohnung verlassen. Wie die meisten Menschen, die schreckliche Dinge tun, ohne mit der Wimper zu zucken. Einkaufen zum Beispiel, Auto fahren, spazieren gehen.

Seit sieben Jahren war ich eine Gefangene. Mein Gefängnis war unsichtbar für andere. Aber ich selbst spürte es, sobald mein Herz zu rasen begann. Wenn ich keine Luft mehr bekam. Wenn ich am ganzen Körper zitterte. Wenn die Todesangst mich in ihren Fängen hielt und schüttelte. Sicher war ich nirgendwo, außer in meiner

Wohnung. Deshalb konnte ich sie kaum noch verlassen. Ich machte mir nichts vor: Es war ziemlich unwahrscheinlich, dass der Prinz eines Tages hier klingeln und auf seinem weißen Pferd mit wallender Mähne und silbernem Schweif mit mir in die Freiheit reiten würde. Aber zum schwarzen Hund hatte ich es geschafft, immerhin.

Ich drückte den Türöffner. Meine Hände waren feucht. Es war mir absolut klar, was für mich jetzt auf dem Spiel stand. Nach sieben Jahren verschiedener Therapien kam mir dieser Augenblick vor wie mein letzter Rettungsversuch. Ich hatte vieles von dem ausprobiert, was man in meiner Situation so unternehmen kann. Von Verhaltenstherapie über tiefenpsychologisch fundierte Behandlungen zu Körper-, Gruppen- und Musiktherapie. Außerdem hatte ich zwei Aufenthalte in psychosomatischen Kliniken sowie eine einjährige stationäre und eine einjährige ambulante Rehabilitation hinter mir. Alles, was auch nur die allerkleinste Aussicht auf Erfolg versprach, hatte ich versucht. Ob Homöopathie, Chinesische Medizin, Yoga, Meditation, Channeling, Astrologie oder Energiearbeit mit Bäumen. Ach ja, auch mit dem Erzengel Gabriel hatte ich es probiert, doch die Frau, die mit ihm kommunizierte, hatte keine guten Nachrichten von Gabriel für mich. Ehrlich gesagt weiß ich nicht mehr, was er mir riet. Ich weiß nur, dass es nichts half … wie so manches andere. Oder nur ein bisschen. Oder auch ein bisschen mehr, aber eben nicht langfristig. Ich hatte viel gelernt in den letzten Jahren und war interessanten Menschen begegnet. Doch Tatsache war, dass ich noch immer beziehungsweise wieder einmal eingesperrt in meiner Wohnung war. Drei Monate dauerte diese schlimme Krise nun schon. Ich notierte ihren Verlauf in der Hoffnung auf Besserung, doch es wurde nur enger, immer enger.

*… Seit drei Tagen esse ich nur noch Schokolade und Chips. Etwas anderes ist nicht im Haus und auch diese Vorräte gehen langsam zur Neige. Wie lange wird es dauern, bis ich an Mangelerscheinungen leide? Die Haare werden mir ausfallen. Die Fingernägel abbrechen. Egal, das sieht ohnehin niemand. Ich kann ja nicht raus.*

*Auf der gegenüberliegenden Straßenseite befindet sich eine Bäckerei. Vom Fenster aus kann ich sie sehen. Es gehen viele Leute rein. Besonders morgens zwischen sieben und neun. Sie gehen hinein, als wäre es die normalste Sache der Welt. So, als würden sie sich überhaupt keine Gedanken darüber machen. Sie gehen einfach rein – und atmen weiter. Sie kommen raus mit prallen Papiertüten, manche beißen gleich vor dem Laden in ihr Croissant. Fast habe ich vergessen, wie ein Croissant schmeckt.*

*Sehnsüchtig schaue ich zu und stelle es mir vor. Ziemlich krümelige Angelegenheit. Muss man eigentlich nicht haben, tröste ich mich. Andere halten einen Coffee to go in Händen. To go. Ich wiederhole. To go. To go. Ich sage es vor mich hin wie ein Mantra. Aber es wirkt nicht. To go. Latte macchiato, denke ich. Den mochte ich am liebsten. Schön heiß. Latte wie late. Too late.*

Nein, es durfte nicht zu spät sein. Diesmal musste es klappen – endgültig. Mit tiergestützter Therapie hatte ich es noch nie versucht. Ich mochte Hunde, vielleicht konnten sie mir helfen, vielleicht war dies endlich der Ausgang in mein Leben.

Ich öffnete die Tür. Natürlich war es unhöflich, zuerst nach unten zu dem Hund zu schauen. Ich tat es trotzdem. Sein Bernsteinblick fuhr mir ins Herz. Es war genauso wie im Internet, als ich sein Bild gesehen hatte, nur viel intensiver.

»Hallo«, sagte die Hundetrainerin und reichte mir die Hand.

Ich schaffte es, sie zu drücken, ehe ich durch das weiche Fell des Hundes wuschelte.

»Kommen Sie doch herein«, bat ich Stephanie Lang von Langen und fragte dann: »Können wir uns duzen?« Denn es kam mir seltsam vor, mich während dieser für mich peinlichen psychischen Offenbarung zu siezen.

»Gern.«

Wir schüttelten noch einmal Hände und lachten. Es war alles ganz einfach. Anders, als ich es mir vorgestellt hatte, wobei ich gar nicht so genau wusste, was ich erwarten sollte. Und das war schon einmal ungewöhnlich. Normalerweise musste ich immer alles ganz genau vorher wissen, um die Angst im Zaum zu halten. Ich wusste zwar, dass das nichts half, aber allein die Illusion, die Kontrolle zu haben, beruhigte mich.

Im Wohnzimmer nahm Wunjo wohlerzogen auf dem Teppich Platz und schaute mich aufmerksam an, wie sein Frauchen.

»Womit kann ich dir helfen?«, fragte sie. Wir hatten zwar schon telefoniert, doch es tat mir gut, meine Situation noch einmal zu schildern. »Seit mehreren Jahren leide ich an Agoraphobie. Das Wort bedeutet übersetzt »Angst vor großen Plätzen«. Die Angst bricht bereits bei der Vorstellung aus, draußen zu sein.

Ich habe alles Mögliche probiert, manchmal ging es mir besser, dann wieder schlechter. Zwischendurch lebte ich auch mal nahezu symptomfrei. Seit drei Monaten habe ich einen schlimmen Rückfall und kann allein nicht mehr nach draußen, nur in Begleitung.« Ich hörte meine eigene Stimme und kam mir bescheuert vor. Aber an so etwas war ich ja gewöhnt. Es ist ziemlich beschämend, wenn man anderen Leuten sein eigenes Versagen offenbart, gerade Fremden. Aber obwohl ich Stephanie nicht kannte, wusste ich mich gut aufgehoben bei ihr. So war das schon im Internet gewesen, wo ich sie und Wunjo gefunden hatte.

»Mit einer Begleitperson an der Seite fühlst du dich sicher?«, fragte Stephanie.

»Na ja, nicht wirklich«, erklärte ich. »Denn da kann ich natürlich auch eine Panikattacke kriegen. Aber ich weiß dann, dass meine Begleitperson sich um alles kümmert. Was ich ja nicht mehr schaffe in so einer Situation.«

»Wie lange warst du nicht mehr allein draußen?«, fragte Stephanie.

»Es kommt mir vor wie eine Ewigkeit.«

Sie schaute mich mitfühlend an. Es war kein Mitleid in ihrem Blick, keine Sensationslust, wie ich sie auch schon oft gesehen habe. Für viele Leute sind solche wie ich schlichtweg verrückt. Wir spinnen. Es ist daher kein Wunder, dass man diese Schwäche versteckt. Wer möchte schon gern als verrückt abgestempelt werden. Ich verstehe allerdings durchaus, dass es geschieht, denn ein Mensch, der an Panikattacken leidet, gebärdet sich irrational. Es gibt keinen Grund für seine Angst, keine sichtbare Gefahr. Und weil man dem seltsamen Verhalten mit Logik nicht beikommen kann, steckt man uns gern in die Schublade »durchgeknallt«. Dort befand ich mich schon einige Jahre, und während ich am Anfang vermutet hatte, ich würde dort als Einsiedlerin hausen, hatte ich mittlerweile unzählige Menschen kennengelernt, denen es genauso ging, manchen besser, anderen schlechter als mir. Und vor allem hatte ich mitbekommen, dass wir immer mehr wurden. Psychische Krankheiten sind mittlerweile der häufigste Grund gesundheitsbedingter Frühberentungen.

Viele »normale« Menschen fühlen sich unwohl, wenn sie durch Tunnels fahren, oder haben Flugangst. So etwas ist relativ leicht zu verbergen. Man kann Tunnels meiden, man kann auf Flugzeuge verzichten und das löblich mit einem reinen Klimagewissen tarnen. Wenn die Angst einen jedoch schüttelt, kann man nichts beschönigen. Und es kann jeden treffen.

Während meiner Klinikaufenthalte habe ich einige Menschen kennengelernt, die sich so ein Desaster auch nicht hatten vorstellen können. Nicht bloß die Paradebeispiele der erfolgreichen Manager, nein, auch bewusst lebende Menschen, die sehr wohl auf ihre Work-Life-Balance achteten. Im Grunde genommen kann es jeden erwischen. Es kann auch jedem ein Trauma widerfahren. Jeder kann Zeuge eines Banküberfalls oder Autounfalls sein, irgendetwas Schreckliches erleben, das sich im Leben verbeißt und es aus seiner sicheren Verankerung reißt – einmal abgesehen von den vielen jungen Menschen, die auf irgendeinem Drogentrip hängen bleiben. Und selbst wenn man persönlich nicht davon betroffen ist, können Angehörige und Freunde psychisch krank sein und dann verdunkelt sich auch das eigene Leben.

Mein unbeschwertes Leben stürzte in der Luft ab, als mich der erste Bote der Panik erreichte. Bis sie dann vollständig ausbrach und mich handlungsunfähig machte, dauerte es noch Monate. 2006 war ich auf dem Rückflug nach Berlin. In Köln hatte ich eine Freundin besucht und freute mich nun auf meinen Freund und unsere schicke 120-Quadratmeter-Wohnung in Mitte. Ich lebte schon seit einiger Zeit in Berlin und fand es cool, nur »Mitte« zu sagen, wie eine Einheimische. Einheimisch wäre ich in Berlin auch gern geworden. Mein bayerischer Dialekt stand mir nicht im Weg, er wurde nur von wenigen Arbeitskollegen in meiner Eventagentur entlarvt. Ich war Ende 20, schon ein gutes Stück auf der Karriereleiter nach oben geklettert und wollte noch viel höher hinaus. Dazu hatte ich in den letzten beiden Jahren neben meinem 50-Stunden-Job ein Abendstudium absolviert.

»Wie schaffst du das?«, war ich oft gefragt worden. »Der Job, die Beziehung, das Studium, der Sport, deine Hobbys. Schläfst du irgendwann?«

»Ich mag das«, erwiderte ich. Klar wäre ich morgens gern mal länger im Bett geblieben. Aber nach zwei Latte war ich mehr als wach. Ich fühlte mich vor Energie strotzend. Und wenn ich meinen hippen Arbeitsplatz erreichte, eine Jugendstilvilla in Dahlem, hatte ich das Gefühl, dass mein Leben genauso wunderbar werden würde, wie ich mir das vorgestellt hatte. Für Angst war da kein Platz. Vor was sollte ich mich schon fürchten. Okay, da gab es etwas. Meinen 30. Geburtstag. Oder vielleicht, dass die Pfeffertütchen für meinen Tomatensaft im Flieger ausgehen könnten. Tomatensaft mochte ich nur in der Luft. Ich hatte mal gelesen, dass das bei vielen Leuten so ist, was mir nicht gefallen hatte. Denn ich war bestimmt nicht »normal«. Ich war etwas Besonderes und »normal« eher ein Manko in meiner Welt. Dass Normalität eines Tages meine größte Sehnsucht sein würde ... das hätte ich nie geglaubt. Doch auf diesem Flug nach Berlin begann mein Trip in die Hölle. Und lange Zeit befürchtete ich, ich hätte lediglich ein One-Way-Ticket gelöst.

... Was war heute mit mir los? Mir war schwindlig. Ich schwitzte. Mein Mund war trocken. Ich bat eine Stewardess noch vor dem Start um ein Glas Wasser. »Das ist eigentlich nicht üblich ...«, begann sie, musterte mich forschend und brachte mir dann doch eines. Ich trank es wie eine Verdurstende. Dann wurde mir speiübel. Der Pilot beschleunigte, Bäume und Wiesen rasten rechts an mir vorbei. Ich fummelte am Sitz vor mir nach der Kotztüte. Fand keine. Nie wieder Billigflieger, schwor ich mir. Ich rempelte meinen Sitznachbarn an. Sprechen konnte ich nicht mehr. Er verstand auch so und drehte die Knie weg. Ich taumelte Richtung Toiletten. Eine Stewardess riss mich zurück: »Bitte gehen Sie sofort auf Ihren Platz!« Da gaben meine Knie nach und ich sackte zusammen.

Wie ich auf den Boden im hinteren Teil des Flugzeuges gelangte, weiß ich nicht. Dort wachte ich wieder auf. Das musste ein Film sein, das war nicht echt, so was passierte nicht in meinem Leben und schon gar nicht mir. Ich hatte immer alles unter Kontrolle. Ich war Hunderte von Malen geflogen. Ich war Profi.

Beim Landeanflug bekam ich eine Sondergenehmigung, nicht auf meinen Sitz zurückkehren zu müssen – mit der Einschränkung, unter den Beinen von zwei angeschnallten Stewardessen liegen zu bleiben. Der Flieger könnte ja in ein Luftloch fallen. Wo ich mich bereits befand, auch wenn mir das in diesem Moment nicht bewusst war. Nach der Landung wurden die Passagiere gebeten, sitzen zu bleiben, bis der Notarzt eingetroffen wäre und die Patientin abtransportiert hätte. Die Patientin wollte aufstehen und selbst gehen, und zwar zur Toilette. Dringend. Das durfte sie aber nicht. Stattdessen gab es, nachdem der Notarzt sie untersucht hatte, einen Liter Kochsalzlösung. Sich als erwachsene Frau in die Hosen zu machen, ist schwer zu verkraften. Doch noch dazu in einem Flugzeug vor 200 Zeugen ... Ich hätte mich gern von einem Luftloch verschlucken lassen.

Im Krankenhaus wurde mein Freund Carlos benachrichtigt. Es ging mir gut, er durfte mich abholen. Beim Abschied fragte mich ein Arzt, ob mir so etwas öfter passieren würde.

»Nein.«

Forschend schaute er mich an. Ich bestärkte: »Noch nie.«

Er nickte. Und dann sagte er: »Vielleicht lassen Sie sich in den nächsten Tagen mal richtig durchchecken. Haben Sie denn viel Stress zurzeit oder ...«

Ich hörte ich ihm schon gar nicht mehr richtig zu, denn Carlos tauchte am Ende des langen Linoleumganges auf. Er war wie ich der Meinung, dass ich etwas Falsches gegessen hatte. »Was soll denn bei dir nicht stimmen?!« Wir lachten beide.

Ja, damals hatte ich noch einen Mann. Und einen Job, eine Superwohnung, und wenn ich das Haus verlassen wollte, machte ich das einfach. Türklinke runter, raus, los.

Ich wäre nicht mal auf die Idee gekommen, dass das ein Problem sein könnte.

Sieben Jahre später fühlte ich mich von der Trainerin – wie auch von ihrem Hund – angenommen. Sie wertete nicht. Sie hörte sich an, was ich erzählte, und nahm es hin, als hätte ich ihr soeben erklärt, dass ich grüne Äpfel roten vorzog. Dann wollte sie von mir wissen: »Wie verhalte ich mich, wenn du eine Panikattacke bekommst?« Ich fühlte mich noch ein Stück mehr darin bestätigt, mir genau diese Trainerin aus dem Pool der Therapiehundeführer im Internet ausgesucht zu haben. Erst später erfuhr ich, dass sie darüber hinaus ein Ausbildungszentrum für Therapiehunde leitete. An eine bessere Adresse hätte ich gar nicht geraten können. Sie kannte Fälle wie mich. Sie wusste, dass ich nicht simulierte, sondern tatsächlich unter Todesangst litt, wenn ich den sicheren Bereich meiner Wohnung verließ.

Ich bereitete sie auf meine Symptome vor: »Es kann passieren, dass ich am ganzen Körper zu zittern beginne. Das sieht furchtbar aus. Es wirft mich geradezu hin und her, als würde ich Stromstöße verpasst bekommen. Außerdem kann ich Schnappatmung kriegen. Die klingt grauenvoll, als würde ich jeden Moment ersticken. Im allerschlimmsten Fall, aber der ist erst zweimal passiert in sieben Jahren, pinkle ich mir in die Hose, als wäre ich tot und würde die Muskelspannung verlieren.« Wider Willen musste ich grinsen, es klang einfach zu absurd. »Dass ich aber eben nicht tot bin, merkst du daran, dass ich nach Luft japse. Weil Tote schnaufen ja nicht mehr. Und zappeln auch nicht so rum.«

Stephanie schmunzelte.

»Am schlimmsten ist mein Fluchtreflex«, fuhr ich fort. »Also nicht für dich. Sondern für mich. Ich liege womöglich auf dem Boden und will nur eines: weg. Das kann ich aber nicht.«

Wieder traf mich ein mitfühlender Blick.

»Du musst dir bei all dem keine Sorgen machen«, beruhigte ich Stephanie. »Ich bin vollkommen gesund. Ich kann dir gern ein ärztliches Attest zeigen. Mein Herz ist stark, die Lunge voll funktionsfähig, also, ich bin topfit.«

»Verstehe«, nickte Stephanie.

»Nur, dass ich manchmal mehrmals am Tag sterbe«, rundete ich das Bild ab.

Stephanie machte mir den Eindruck, als würde sie Ruhe bewahren, was immer auch geschähe. Das war entscheidend für mich. Nichts war schlimmer, als wenn meine Panikattacke bei einem anderen Menschen Panik verursachte. Wenn ich selbst schon quasi mit dem Tode ringend auf dem Boden lag und meine Begleitung dann ebenfalls k. o. ging. Deshalb bereitete ich meine Umgebung immer auf den Ernstfall vor. »Am besten du beachtest die Symptome nicht«, sagte ich auch zu Stephanie. Sie nickte. Sie wusste sicher, dass es meine Panik steigern würde, wenn die Begleitperson selbst panisch reagierte. Wobei es natürlich schon eine paradoxe Vorstellung ist, einen Menschen, der wie ein Fisch auf dem Trockenen um sein Leben zappelt, einfach zu ignorieren.

»Was genau kann ich jetzt für dich tun?«, wollte Stephanie wissen.

»Ich möchte meinen Bewegungsradius erweitern. Ich war, wie gesagt, lange nicht mehr allein draußen. Ich weiß nicht, warum ich diesen schrecklichen Rückfall bekommen habe. Ich war schon viel weiter auf dem Weg der Genesung. Aber jetzt hat es mich eben wieder erwischt.«

»Ist das dein erster Rückfall?«

»Leider nicht. Ich fände es großartig, wenn wir es schaffen würden, vielleicht 20 Meter von meinem Haus wegzugehen?« Fragend schaute ich sie an.

»Okay, heute 20 Meter – und langfristig?«

Ich schwieg. Ich hatte es mir abgewöhnt, langfristige Pläne zu machen.

»Erzähl mir deinen Traum. Was wünschst du dir?«

»Wünschen?«, wiederholte ich. Auch das Wünschen hatte ich mir abgewöhnt. Ich war zu oft enttäuscht worden. Schließlich sagte ich zögernd: »Eine Stunde am Stück spazieren gehen, nicht anhalten, egal, in welche Richtung.«

»Gibt es auch ein konkretes Ziel?«

»Nein«, sagte ich schnell.

Stephanie bohrte nach. Konnte sie Gedanken lesen? Denn ganz tief in mir drin steckte ein Ziel. Ein hohes sogar, genau genommen 1555 Meter hoch. Ich wollte aufs Brauneck. Mit der Gondel hinauf, zu Fuß hinunter. Früher war ich dort oben Snowboard gefahren. Daran dachte ich nun nicht. Ich wollte einfach nur den Mut haben, hinaufzufahren und hinabzusteigen, ohne Betreuungsperson an meiner Seite.

Wunjo hechelte ein wenig. »Braucht er Wasser?«, fragte ich Stephanie.

»Du kannst ihm gern etwas zu trinken anbieten«, sagte sie.

Ich ging in die Küche, füllte eine Schüssel mit Wasser und stellte sie vor den Hund. Eher höflich als durstig nahm er drei, vier Schlabberer. Dann schaute er mich auffordernd an. Ich streichelte ihn und er leckte mir über die Hand. Warm, seine Zunge. Auf einmal musste ich lachen. So nah war ich noch keinem Therapeuten oder Psychiater gekommen. Keiner von ihnen hatte mir über die Hand geschleckt, obwohl ich meine Seele vor ihnen entblößt hatte, und ich hatte in meiner Karriere als Patientin unzählige kennengelernt. Viele von ihnen hatte ich vergessen, mit anderen hatte ich noch immer Kontakt, manche waren mir liebe Begleiter geworden.

An meinen ersten Besuch beim Psychiater erinnerte ich mich, als wäre er gestern gewesen. Er fand circa ein halbes Jahr nach dem verhängnisvollen Flug von Köln nach Berlin statt. Ich war zwar nie wieder umgekippt, doch die beunruhigenden Symptome in der Öffentlichkeit mehrten sich. Die Untersuchungen bei verschiedenen Ärzten hatten nichts ergeben. Organisch war ich kerngesund, es gab keine Ursache für mein Herzrasen, die Zitter- und Schwindelanfälle, die Atemstörungen. Meine eigenen Beschwichtigungsversuche – ich habe zu viel gearbeitet, ich bin gestresst, ich vertrage die Hitze nicht, ich habe zu wenig geschlafen – konnten mich nicht mehr darüber hinwegtäuschen, dass da vielleicht etwas anderes, tiefer Liegendes nicht stimmte.

»Steiger dich da bloß nicht rein«, sagte mein Freund Carlos. »Jeder hat mal eine schlechte Phase.« Für Carlos waren meine Symptome Hirngespinste: »Mindfuck«. Wenn er sie miterlebte, ignorierte er sie häufig, ging beispielsweise aus dem Zimmer. Seine Strategie war es, meiner Panik keine Aufmerksamkeit zu schenken. Obwohl das im Prinzip gar nicht so falsch war, verletzte es mich damals sehr.

»Du, Psychopharmaka zu nehmen ist völlig normal«, sagte meine Kollegin Betty. Sie war die Einzige, der ich mich in der Eventagentur anvertraute. Sie wusste auch von meinen Erstickungsanfällen, den Ohnmachten und Zusammenbrüchen. Betty meinte: »In Amerika, da schlucken die das alle. Und weißt du was? Die meisten Leute in unserem Job koksen sowieso.«

»Aber nicht auf Rezept«, erwiderte ich.

Sie kicherte. »Na und, du schmeißt eben morgens eine Pille ein und dann kriegst du wieder Luft. Stell dir einfach vor, du bist Asthmatikerin, aber ohne Asthma.«

»Super Idee«, hatte ich erwidert. Doch hier im Wartezimmer des Psychiaters half mir diese Idee nicht weiter. Was sollte ich ihm erzählen? Auf keinen Fall würde ich mit ihm über meine Kindheit sprechen. Wenn er es wagen sollte, mir eine unglückliche Kindheit unterzuschieben, würde ich aufstehen und gehen. Ich liebte meine Eltern und ich wusste, dass sie alles für mich getan hatten, was sie konnten. Das war manchmal vielleicht weniger, als ich gern gehabt hätte, aber sie waren beide berufstätig und brachten unsere kleine Familie gut durch, was zu Beginn nicht einfach für sie war als Ausländer mit deutschem Pass. Meine Mutter stammt aus Ex-Jugoslawien, mein Vater aus Griechenland. Beide kamen lang vor meiner Geburt nach Bayern und lernten sich hier kennen. Ja, sie hatten keine Zeit, meine Hausaufgaben zu kontrollieren oder an der Bande zu stehen, wenn ich im Eisstadion in Geretsried, in der Nähe meines Geburtsortes Wolfratshausen bei Bad Tölz, trainierte. Aber sie unterstützten mich in allen meinen Hobbys, so gut sie konnten. Als Sechsjährige hatte ich mit dem Eiskunstlauf begonnen, weil ich das unbedingt wollte. Pirouetten konnte mir meine Mutter zwar keine beibringen, dafür zeigte sie mir, wie man gefüllte Paprika kocht. Und mit meinem Vater, der leider viel zu früh verstorben ist, da war ich gerade mal 22, war ich angeln. Außerdem lernte ich von ihm, wie man Käse macht.

»Was denken Sie, wenn Sie an Ihre Eltern denken?«, fragte der Psychiater mich 20 Minuten später.

Ich dachte, dass zweimal »denken« in einem Satz nicht gut klingt. Dann sagte ich »Käse.«

## 2

»Dann gehen wir mal raus«, sagte Stephanie und stand auf.

Obwohl das der Grund ihres Hierseins war, zuckte ich doch zusammen. Sie drückte mir Wunjos Leine in die Hand. »Jetzt bist du Wunjos Hundeführerin. Du bist für ihn verantwortlich.«

»Um Gottes willen«, entfuhr es mir.

Stephanie ließ mir keine Zeit nachzudenken. Schon öffnete sie die Wohnungstür. Schnell zog ich meine Schuhe an, griff nach dem Handy, um gegebenenfalls einen Notarzt anrufen zu können, meiner Notfalltasche mit der Plastiktüte als Atemhilfe, der Notfalltablette, der Wasserflasche, den Taschentüchern und dem Wohnungsschlüssel.

Vor mir lief Wunjo die Treppen hinunter. Seine Pfoten tapsten auf den Stufen. Ein schönes Geräusch. Wenn man einen Hund bei sich hat, dachte ich, dann ist man nie allein. Wo immer man ist, man hört ihn atmen. Wo immer man geht, man hört seine Pfoten. Aber … dazu müsste man in der Lage sein, irgendwohin zu gehen. Meine Beine wurden schwer. Auf einmal fühlte ich mich völlig mutlos. Vielleicht war das ganze Unterfangen eine Schnapsidee. Vielleicht sollte ich jetzt gleich abbrechen. Hier, im Treppenhaus. Denn letztlich würde ich doch scheitern. Oder höchstens eine vorübergehende Besserung erreichen. Das brachte doch nichts. Ich würde mich vor Stephanie schämen müssen, wenn es zu einer Panikattacke käme. Nein, es war besser, ich blieb hier in der Sicherheit meines Hauses. Der Sog zurück nach oben in meine Wohnung war gewaltig, geradezu unwiderstehlich. Ich lief langsamer.

Im ersten Stock blieb Wunjo plötzlich stehen, drehte sich um und schaute mir in die Augen. Es kam mir vor, als hätte er meine Gedanken gelesen und als wollte er mir sagen, dass ich an mich glauben sollte. Aber ich fühlte mich so entsetzlich schwach. Ich hatte Angst vor dem, was nun geschehen würde. Ich befürchtete stark, dass mein Plan fehlschlagen könnte. Dass die Idee mit der Hundetherapie eben doch keine so gute war, wie so viele andere, die ich in den letzten Jahren ausprobiert hatte.

»Komm«, sagte Stephanie. Sie öffnete die Haustür und dann standen wir draußen. Am Vormittag hatte es geregnet. Über den Bergen ballten sich noch einige Regenwolken, doch die Luft war klar und von Schnee keine Spur, obwohl es schon November war. Die Helligkeit blendete mich. Ich kniff die Augen zusammen, dann lief ich hinter Stephanie und Wunjo ins Licht.

Vor dem Haus wies Stephanie mich an, die Leine am Halsband zu befestigen. »Klick« machte es, als ich den Karabiner einhakte. Da sah ich Benny vor mir, den Hund, den ich als Mädchen gehabt hatte. Die Erinnerung an das Glück mit diesem vierbeinigen Spielkameraden aus meiner Kindheit gab mir gleichzeitig Kraft und machte mich traurig.

Stephanie musterte mich prüfend, dann ging sie los. Ich war froh, dass sie ein langsames Tempo anschlug. Wir überquerten die Straße und liefen am Rand der Wiese entlang, die zum Kalvarienberg führte. Wunjo zog nicht an der Leine, sondern lief locker neben mir. Seine Rute schwang leicht. Ich war noch völlig gefangen von den Erinnerungen an Benny, meinen lieben Hund Benny. 16 Jahre war er alt geworden, und hätte meine Mutter nicht den Autounfall gehabt, bei dem er sich schwer an der Wirbelsäule verletzt hatte, wäre er, so hatte der Tierarzt prognostiziert, noch älter geworden. Die letzten Jahre hatte ich ihn nicht mehr so oft gesehen, nur noch bei meinen Besuchen zu Hause, denn er blieb in Bayern, als ich nach Berlin zog. Meine Kehle wurde eng. Flauheit breitete sich in meinem Magen aus. Meine Hände zitterten und das Atmen fiel mir schwer. Fluchtartig drehte ich mich um und maß die Entfernung zu meinem Haus. Wenn ich gleich losspurtete, wäre ich rasch in Sicherheit. Mit einem Schritt war Stephanie neben mir.

»Probier mal ein ›Sitz‹«, sagte sie.

»Wie?«, fragte ich. Ich hatte jetzt wirklich andere Sorgen als ein »Sitz«.

»Ja, versuch es«, forderte sie mich auf.

»Sitz«, sagte ich.

Wunjo setzte sich. Entgeistert schaute ich ihn an. Der Hund hörte auf mich! Er nahm mich ernst. »Er folgt mir!«

»Na klar«, sagte Stephanie.

»Aber er kennt mich doch gar nicht.«

Sie schmunzelte.

»Noch ein Kommando«, bat ich.

Stephanie buchstabierte »F-u-s-s«.

Ich begriff zuerst nicht, dann sprach ich es aus: »Fuß«.

Der Hund schlüpfte an meine linke Seite. Wir gingen weiter, Wunjo blieb dicht neben meinem Knie. Vor Stolz platzte ich fast. Es begegneten uns einige Passanten und ich hätte am liebsten jeden darauf aufmerksam gemacht, dass dieser Hund bei Fuß lief, weil ich es ihm gesagt hatte, und dass das überhaupt der tollste Hund der Welt war. Nach Benny.

Dann schaute ich mich um und erschrak. Von wegen 20 Meter! Wir waren schon fast an der Kirche. Schlagartig wurde mir übel. Ich blieb stehen. Der sichere Bereich schien in unerreichbarer Ferne. Das Zittern begann in meinen Beinen und wuchs nach oben. Schlotternd stand ich am Kalvarienberg. Stephanie reagierte nicht auf mein Zittern.

»Sag ihm mal, dass er sich hinlegen soll, du kennst das Kommando ja.«

Mein Kopf ruckte hin und her, als wäre ich ein Kaninchen. Ich war von Schlangen umgeben, gleich würden sie mich verschlingen. Ich schätzte die Distanz ab. Wie schnell konnte ich zu Hause sein? Aber was, wenn ich unterwegs stürzte?

»›Platz‹ wäre das Kommando dafür«, gab Stephanie mir Hilfestellung.

Ich fand sie gar nicht mehr toll und nett, sondern gefühllos. Wie konnte sie so etwas von mir verlangen, während ich mit einer Panikattacke kämpfte. Ich konnte mich jetzt nicht um den Hund kümmern, ich musste mich in Sicherheit bringen. Ich musste weg von hier. Schnell. Zurück in den sicheren Bereich. Das mit dem Hundetraining war eine blöde Idee. So ein Hund half mir nicht, er machte alles nur noch komplizierter, denn wie sollte ich mich verhalten? Ihn hinter mir herziehen, die Leine fallen lassen? Ich bekam keine Luft mehr. Mir wurde heiß. Mein Herz raste, als hätte ich einen 1000-Meter-Lauf hinter mir. Stephanie schaute mich freundlich an. Da japste ich mit dem letzten Rest Luft, den ich noch zur Verfügung hatte, und ohne dass ich es geplant hatte, es war, als würde jemand anders aus mir sprechen, vielleicht die Tanja von früher, die mit Benny durch die Isarauen gestreift war: »Platz«.

Wunjo legte sich hin. Ich bekam einen Heulkrampf, dann einen Lachkrampf, und irgendwo zwischendrin verlor ich die Angst.

## 3

An diesem Abend rief mich Claudia an. Sie war meine beste Freundin, obwohl wir uns höchstens dreimal im Jahr sahen. Claudia hatte wegen ihres Jobs wenig Zeit, und ich hatte zwar Zeit, aber zu viel Angst, ein paar Hundert Kilometer weit zu reisen, um sie zu besuchen. 100 Kilometer, ja schon 50 waren für mich eine Distanz wie zu einem anderen Kontinent. Claudia und ich lebten völlig verschiedene Leben. Dennoch hatten wir uns nie aus den Augen verloren. Ich glaube, das liegt daran, dass wir uns seit der Schulzeit kennen und die schwierige Phase der Pubertät gemeinsam durchgestanden haben. Wenn man das geschafft hat, ist ein Band für immer gewachsen. Da muss man sich auch nicht ständig treffen, die Kornkammern des Vertrauens sind voll – und außerdem kann man telefonieren.

Ich liebte die Businessgeschichten von Claudia. Aus ihren schillernden Erzählungen kam es mir so vor, als würde ich ihre Chefs und Kollegen persönlich kennen. Mit Claudias Hilfe verlor ich den Kontakt zur realen Arbeitswelt nicht ganz. Ich war immer up to date, was in der Firma, auch wenn es ihre war, passierte. Und das tat mir gut. Auch andere Freunde ließen mich an ihrem Leben teilhaben. Ich freute mich, wenn sie mir von ihren Aktivitäten erzählten. Irgendwie war ich zu einer Schwarzfahrerin geworden, ich lebte sozusagen schwarz. Wenn ich anfing, davon zu träumen, diese Situationen selbst zu erleben, verbot ich mir das meist, denn ich wusste ja, wie weh es tat, wenn ich schon auf den ersten Metern zur Erfüllung meiner Wünsche scheiterte. Oder wenn ich glaubte, ich hätte es geschafft, wie es schon einige Male passiert war. In den letzten sieben Jahren hatte es durchaus Wochen, ja Monate gegeben, in denen ich symptomfrei gelebt hatte. Ich hatte kleine Jobs angenommen, war einkaufen gewesen und hatte in einem bescheidenen Rahmen ein normales Leben geführt. Bescheiden deshalb, weil ich mich keinen allzu großen Herausforderungen stellte, wie etwa Zug zu fahren oder einen Großstadtbummel oder Kinobesuch zu absolvieren. Solche stinknormalen Aktivitäten kamen für mich einem Bungeesprung gleich.

»Erzähl mir, wie es sich angefühlt hat«, bat ich meine Freundin Laura, wenn sie mir berichtete, dass sie zum ersten Mal in diesem Jahr beim Baden war. »Wenn man ins Wasser geht, du warst doch bestimmt an unserer alten Badestelle neben dem Steg, dann pikst das doch zuerst immer so, bis die Kiesel verschwinden und man Sand unter den Fußsohlen hat.«

»Ja, genauso war es.«

»War das Wasser warm?«

»Ich fand es saukalt. Du wärst wohl trotzdem gleich reingerannt.«

... Ja. Wäre ich. Wenn ich es bis zum See geschafft hätte ...

»Erzähl mir, wie die Piste aussieht«, bat ich meinen Kumpel Nick, mit dem ich früher so oft beim Snowboardfahren war, und er erzählte mir von dem neuen Lift. »Es hat sich total verändert dort oben, seit wir das letzte Mal da waren. Es gibt jetzt einen Funpark mit Halfpipe und so. Aber das ist ja nicht so dein Ding«, sagte er.

»Stimmt«, nickte ich. Ich verpasste also gar nichts. Ich hatte ja nicht mal die Buckelpiste ohne Blessuren überstanden.

»Und wie war die Abfahrt?«

Nick versuchte, sie zu schildern, ein bisschen holprig vielleicht zu Beginn, doch dann wurde seine Stimme zur Schanze und ich spürte die Tränen in meinen Augen vom Wind, weil ich über den harschen Schnee ins Tal bretterte. In Gedanken. In meiner Erinnerung. Nur noch in der Erinnerung.

»Schnee war ok«, hörte ich ihn da wieder. »Kunstschnee halt.«

»Also hab ich eigentlich nichts verpasst.«

»Nö«, log er aus alter Freundschaft.

Und so fuhr ich schwarz Snowboard, schwamm schwarz, ging in Szenekneipen und flog mal schnell übers Wochenende nach London zum Shoppen. Einen einzigen Vorteil hatte die Sache. Ich gab kein Geld aus, und das war auch gut so, weil ich nämlich kaum welches hatte. Ich kam gerade so über die Runden mit der finanziellen Unterstützung, die ich vom Staat bezog. Dafür war ich unendlich dankbar. Ich war für alles so dankbar. Dass ich Betreuer hatte, die mit mir einkauften, Therapeuten, die mit mir arbeiteten, Mitpatienten, die mich verstanden … und Freunde und Familie, die mich nicht im Stich ließen. Ich wusste, dass das keine Selbstverständlichkeit war. Im Laufe der Zeit hatte ich diesbezüglich viele traurige Geschichten gehört.

Manchmal fragte mich jemand, ob ich nicht neidisch

wäre auf die anderen Menschen. Nein, das war ich nicht, im Gegenteil. Ich freute mich, dass sie so viel Schönes erlebten, woran ich dann ja indirekt teilhaben konnte. So zwei-, dreimal im Jahr erwischte es mich allerdings und ich haderte mit meinem Schicksal: Warum ich? Doch das ging immer schnell vorbei. Denn ich war so froh, dass meine Freunde zu mir hielten. Auch wenn es weniger geworden waren, was aber nicht an ihnen, sondern an mir lag. Ich hatte mich zurückgezogen.

Freiheit und autark zu leben waren zwei hohe Werte für mich. Sie zu verlieren, abhängig zu werden wie ein Kleinkind, war in meinen Augen eine der größten Katastrophen. Ich wollte nicht wegen jeder Kleinigkeit um Hilfe bitten müssen. So verkroch ich mich immer tiefer in meinem Schneckenhaus. Manche meiner Freunde und Bekannten akzeptierten das. Andere ließen sich nicht vertreiben und warteten hartnäckig, bis ich mal wieder einen Fühler rausstreckte, und lockten mich dann ein Stück weit heraus. Es war belastend für mich, dass ich nur noch Horrorgeschichten zu bieten hatte. Es war keine Freude, mir zuzuhören, wenn ich von einem Panikanfall zum nächsten sprang, über Erwerbsminderungsrente und Therapieansätze sprach und es mir nicht gut ging, weil die Tabletten, die ich nahm, mir mit starken Nebenwirkungen zu schaffen machten. Hinzu kam, dass für eine sportliche junge Frau, die sich gern modisch kleidet, zehn Kilo Gewichtszunahme in fünf Wochen nicht so leicht zu verkraften sind.

»Aber jetzt schlafen Sie bestimmt besser«, meinte ein Arzt.

Nein, ich schlief nicht besser, denn beim Einschlafen befürchtete ich, am nächsten Morgen mindestens ein Pfund zugenommen zu haben. Es gab offensichtlich nicht nur Ab-, sondern auch Zunehmen im Schlaf. Wobei ich mich nicht beschweren durfte, ich wuchs bei einem meiner Klinikaufenthalte nur von Kleidergröße 34 auf 38. Es gab Patienten, die nahmen 20, 30 Kilo zu. Es ärgerte mich, dass die Ärzte uns die Tabletten dennoch als Wundermittel anpriesen. Wunder sahen in meinen Augen anders aus.

Aber jetzt war ich wieder schön schlank, obwohl ich kaum noch Sport trieb, der Stress hielt mich bei guter Figur. Claudia machte gerade eine Diät. Wir alberten ein wenig herum, es gelang mir nicht, ihr die Panikdiät schmackhaft zu machen. Während ich normalerweise erleichtert war, wenn ich zuhören konnte und sie mir als meine News-Dealerin Neuigkeiten erzählte, hatte ich bei diesem Telefonat selbst etwas zu bieten. Ich schwärmte von meinem neuen Freund mit den Bernsteinaugen. Von dem Gefühl, einen so starken Begleiter an der Seite zu haben. Der war groß und gefährlich und machte Sitz, wenn ich es sagte.

Claudia freute sich mit mir. »Vielleicht bringt das den Durchbruch«, meinte sie.

»Nein, das glaube ich nicht«, hielt ich dagegen, auch wenn ich es insgeheim selbst hoffte. Zu oft waren meine Erwartungen enttäuscht worden. »Es würde mir schon genügen, wenn ich allein rausgehen könnte.«

»Das wäre der Anfang vom Durchbruch«, blieb Claudia hartnäckig, »und ruck, zuck hast du wieder einen Job.«

Sie wusste genau, wie sehr mir das Nichtstun auf die Nerven ging. So ein Tag zu Hause kann ganz schön lang werden. Und ich war ja fast nur zu Hause. Zwar hatte ich einige Jobs gehabt in den letzten Jahren, doch das waren immer Kompromisse gewesen: zu Fuß erreichbar in fünf Minuten von meiner Wohnung, wenig Verantwortung. Mehr schaffte ich nicht. Mein letzter wirklich toller Job lag sieben Jahre zurück. Als Eventmanagerin in der Berliner Agentur war ich häufig gereist, immer unterwegs, hatte ständig Kontakt mit vielen Menschen, erfuhr von den neusten Trends, lebte einen modernen Lifestyle – ach, ich liebte es! Und nun war ich in meiner bayerischen Heimat gelandet, bruchgelandet. Ich wohnte nur wenige Kilometer von meinem Geburtsort Wolfratshausen entfernt.

Claudia brachte ein bisschen von der alten Tanja in mein ödes Leben. Sie war die Nabelschnur in meine Vergangenheit und das mittlerweile sogar doppelt. Einmal als Zeitzeugin meiner Pubertät und dann als Erinnerung daran, wie ich auch einmal gelebt hatte, als ich mich noch nicht vor anderen Menschen versteckte. So wie ich reagieren übrigens nicht alle Panikpatienten. Es gibt auch welche, die fühlen sich wohler mit vielen Menschen in ihrer Nähe, weil diese ja helfen können, wenn Not an Mann oder Frau ist. Bei mir überwogen Scham und Peinlichkeit.

»Es kann dir doch egal sein, was fremde Leute von dir denken«, sagte Claudia oft zu mir. »Die kennst du doch gar nicht.«

Ich hätte viel dafür gegeben, wenn ich diese Einstellung hätte verinnerlichen können. Einige Male musste ich es aushalten, dass besorgte Mitmenschen sich über mich beugten, mir die Wange tätschelten, aufgeregt nach einem Arzt riefen, … Und ich, völlig überfordert damit, mich selbst wieder in den Griff zu bekommen, japste: Nein, nein, es ist alles in Ordnung. Ich habe nur eine Panikattacke trallala. Ich sehe zwar aus, als würde ich gleich sterben, aber mir geht es gut. Danke, dass Sie sich um mich kümmern, aber ich brauche nichts. Immer diese Erklärungen. Säße ich im Rollstuhl, fehlte mir ein Bein, hätte ich grünen Hautausschlag, wäre das sozusagen selbsterklärend. Aber so hatte ich das Gefühl, ich müsste mich rechtfertigen. Das empfand ich als demütigend. Und deshalb vermied ich diese Situationen, deshalb mied ich Menschen. Während meiner Aufenthalte in verschiedenen psychologischen Einrichtungen lernte ich eine Reihe von jungen Menschen kennen, die aufgrund von Drogenmissbrauch eine psychische Erkrankung entwickelt hatten. Ihr Schicksal erschien leichter nachvollziehbar. Drogen genommen, hängen geblieben, verrückt geworden, alles klar. Auch Alkoholabhängige stoßen auf Verständnis. Aber jemand, dem nichts fehlt, so eine wie ich … Das ist für viele Menschen schlichtweg Einbildung: Die simuliert doch. Die muss mal hart arbeiten, dann verschwinden die Flausen in ihrem Kopf. Oh, wie gern hätte ich hart gearbeitet. Ich konnte leider nicht – und das war keine Einbildung, sondern meine tägliche traurige Realität.

Von allen Seiten bekam ich Tipps, was mir ganz bestimmt helfen würde. Versuch es doch mal mit Muskelentspannung, Yoga wird dich gesund machen, verzichte auf Weizen, melde dich beim Kampfsport an, mach eine spirituelle Zellreinigung, schau dir mal deine Vorleben an, beten hilft, nimm Baldrian, hast du es schon mit Johanniskraut versucht, bestimmt hast du eine Allergie, Meditieren ist das A und O, da gibt es so einen Heiler in Indien, denk einfach mal positiv.

Ja, okay, mach ich.

Mein Rekord an Panikattacken sah so aus, dass ich nachts mit Panik aufwachte, morgens auch und tagsüber stündlich überfallen wurde. Manche Tage waren eine einzige Panikattacke.

Mein Freund Carlos, wir waren letztlich acht Jahre zusammen, konnte nicht mit meiner Angststörung umgehen. Seine Strategie war es, sie zu ignorieren. Was dann auch zu unserer Trennung führte, denn an seiner Seite wäre ich nicht nur emotional verhungert. Carlos war beruflich viel unterwegs. Anstatt am Samstag für mich einzukaufen, wenn er am Montagmorgen für fünf Tage wegflog, besorgte er gar nichts oder nahm die Lebensmittel, die da waren, mit. So wollte er mich zwingen, das Haus zu verlassen. Sein Plan ging aber nicht auf. Dann aß ich eben nichts oder eine Tüte Sultaninen, Müsli mit Wasser … Hätte ich damals nicht ein paar wildfremde Menschen kennengelernt, die nach mir schauten, ich weiß nicht, ob ich heute noch auf dieser schönen Erde wäre.

Da gab es den türkischen Taxifahrer Bülent, den ich zufällig bei einer Fahrt zum Arzt kennenlernte. Die Panikattacke in seinem Wagen war sehr schlimm. Zehn auf einer Skala von eins bis zehn. Bülent behielt die Nerven, sang anatolische Wiegenlieder und brachte mich nicht ins Krankenhaus, sondern zu seiner Oma, die sich mit so was auskannte. Vor Schreck gewann ich dann doch noch die Fassung zurück. Bülents Oma las lang und kummervoll im Kaffeesatz meiner Tasse, sprach dann eindringlich mit Bülent und von diesem Moment an war er mein persönlicher Chauffeur. Er fuhr mich zu Ärzten, auf Ämter und schaute tagsüber, wann immer es ihm möglich war, bei mir vorbei. Brachte mal einen Kebap mit oder Ayran oder seine beiden Zwillingsmädchen, die mich aufheitern sollten. Das war mir oft zu viel des Guten, zumal Bülent mich in seine türkische Community eingliedern wollte. Dennoch rührte er mich zutiefst. Ich sollte seine ganze Familie kennenlernen und am liebsten einen seiner Verwandten heiraten, der besser auf mich aufpassen würde als mein deutscher Freund, der mich so schmählich im Stich gelassen hatte: Der Mensch, dem ich mich am nächsten gewähnt hatte, der Mann, der mir einen Heiratsantrag gemacht hatte, ignorierte meine Schwierigkeiten.

Eine Italienerin, die ein Restaurant um die Ecke betrieb, war mein zweiter rettender Engel. Es ist nicht so, dass die beiden mich rund um die Uhr versorgt hätten. Doch allein zu wissen, dass es sie gab, tat mir schon gut. Bei Mama Sofia – so nannte ich meine italienische Freundin heimlich – verbrachte ich viele Stunden. Ich liebte es, ihr beim Zubereiten ihrer köstlichen Pasta zuzusehen. In ihren Teigtaschen, gefüllt mit Aubergine und scharfer Bitterschokolade, hätte ich baden können. Mama Sofia hatte auch einen Hund, den kleinen Chicho. Für ihn lernte ich Kommandos auf Italienisch.

Von Bülent lernte ich ein wenig Türkisch. Er chauffierte mich fürsorglich zu meinen Therapiesitzungen einmal die Woche, wo ich unter anderem begriff, dass die endgültige Trennung von Carlos unausweichlich war. Und auch die von Berlin. Leider verschwanden meine Symptome nicht, indem ich dem Leben in der Großstadt – vielleicht doch nicht das Richtige für mich? – den Rücken kehrte und zurück in die bayerische Provinz zog. Es ging auf und ab, noch tiefer und gar nicht mehr richtig nach oben.

Unmerklich rutschte ich in den Psycho-Kreisel. Ständig beobachtete ich mich, analysierte, suchte Gründe, verwarf sie, sprach mit anderen psychisch Erkrankten, bis sich meine Welt nur noch um meine Krankheit drehte. Nichts war mehr, wie es sein sollte, wie ich es mir wünschte. Sei du selbst … ich wusste nicht mehr, wer die echte Tanja war. Die vor der Krankheit oder die danach oder eine dritte, die ich erst noch finden musste? Warum war ich so tief abgestürzt? Wo war ich falsch abgebogen, welcher Fehltritt hatte mich in die Katastrophe katapultiert? Gab es dieses »Versagen« überhaupt oder war die Krankheit mein Karma?

Ich verlor den Blick für das gesunde Leben. Ich war in der Hölle gelandet und glaubte, dort nur fleißig und brav lang genug schmoren zu müssen, dann würde es schon besser werden. Es wurde aber nicht besser, im Gegenteil: Es wurde immer schlimmer. Beachtung bringt Verstärkung. Indem ich mich der Krankheit so intensiv zuwendete – was man mir riet, um sie zu beherrschen –, fütterte ich sie.

Damit will ich nicht sagen, dass meine vielen Therapien nichts gebracht hätten oder gar, dass Carlos' Strategie die richtige gewesen wäre. Aber schon nach dem ersten Treffen mit Wunjo kam es mir so vor, als sollte ich mal sämtliche Sonnenbrillen abnehmen, die rosarote, die schwarze und unbedingt die analytische, und stattdessen mit den Augen eines Hundes in die Welt blicken. Und die Angst anschauen. Wer, wenn nicht ein Hund, würde sie zähmen und zur Not in Schach halten?

# 4

Mit Stephanie hatte ich verabredet, dass wir uns einmal in der Woche zum Gassigehen treffen wollten. Am liebsten wäre ich jeden Tag mit Wunjo gegangen, denn ich kam ja so selten ins Freie. Zwar besuchten mich meine Betreuer aus dem Programm »Einzelbetreutes Wohnen«, sie gingen auch mit mir einkaufen oder begleiteten mich zu den Therapiesitzungen und Ärzten, doch eben nicht täglich. Diese Betreuer sollten mir dabei helfen, zurückzufinden in den Alltag, denn während meiner zweijährigen Reha war ich vom normalen Leben mehr oder weniger abgeschnitten gewesen, zuerst stationär, dann in ambulanter Obhut.

Hin und wieder kamen Freunde oder auch mal eine Mitpatientin vorbei, aber viele von ihnen kämpften genauso wie ich und blieben lieber in ihrem eigenen Sicherheitsbereich. Meine Mutter war vor einiger Zeit zu ihrem Freund gezogen und konnte mich im Alltag nicht mehr unterstützen. Ich freute mich sehr für sie, dass sie nach dem frühen Tod meines Vaters noch einmal eine Beziehung eingegangen war. Zum Glück gibt es Telefone!

Trotzdem kann die Zeit in den eigenen vier Wänden lang werden, besonders, wenn man all die Tage und Wochen davor ebenfalls dort verbracht hat. Mir war zwar nicht langweilig, weil ich mir immer Beschäftigungen suchte, aber ausgelastet fühlte ich mich beileibe nicht. Ich las viel, puzzelte, bastelte und nahm mir für den Haushalt viel Zeit. Ich schaute auch oft aus dem Fenster, den anderen Leuten beim Leben zu. Und dann telefonierte ich wieder ein bisschen. Manchmal war es erträglich, manchmal kaum auszuhalten, manchmal richtig schlimm. Zum Beispiel wenn der erste Schnee gefallen war und ich mir vorstellte, was ich täte, wenn ich könnte. Oder an besonders schönen Sommertagen. Da floss schon die eine oder andere Träne.

Natürlich versuchte ich, aus meinem Gefängnis auszubrechen. Doch das wurde meistens mit Todesangst geahndet. Wie ein Mantra sagte ich mir Sätze vor: Nächstes Jahr beim ersten Schnee fährst du Schlitten. Nächstes Jahr wirst du in einem See schwimmen. Nächstes Jahr wirst du jeden Tag allein einkaufen … Doch es fiel mir schwer, das zu glauben. Zu oft hatte ich gehofft, mich angestrengt. Manches hatte auch geklappt, aber eben nicht dauerhaft.

Wenn ich aus dem Fenster schaute und Hunde auf der Straße oder angrenzenden Wiese sah, freute ich mich. In meiner Nachbarschaft gab es viele Hunde. Ich begleitete sie mit meinen Blicken vom Fenster aus so weit wie möglich. Manchmal öffnete ich das Fenster und versuchte, um die Hausecke zu spähen. Und dann dachte ich, noch fünf, vier, drei, zwei, einen Tag – morgen kommt Wunjo!

Auf der Wiese spielten manche Frauchen und Herrchen mit ihren Hunden Ball. Was für ein Spaß, sogar im Regen. Die Hunde fetzten durch den Matsch und im Dezember tollten sie durch den Schnee, wälzten sich und manche rasten vor Begeisterung bellend im Kreis. Sie platzten schier vor Lebensfreude und ihre Besitzer standen fröstelnd am Rand, einige tippten auf ihre Smartphones, andere schenkten ihren Hunden Aufmerksamkeit. Wenn ich einen Hund hätte, dachte ich, würde ich beim Gassigehen ganz bestimmt keine E-Mails oder SMS lesen. Da könnte ich gleich zu Hause bleiben. Die Hunde solcher Leute wirkten ein wenig traurig auf mich, manche sogar verloren. Die Hunde der anderen, die sich um ihre Tiere kümmerten, sahen fröhlicher aus. Ich erzählte Stephanie von meiner Beobachtung. Sie bestätigte mich und lobte meine feine Wahrnehmung. Überhaupt lobte sie mich oft und das tat mir gut.

Mit der Beschäftigung mit den Hunden kehrten meine Erinnerungen an Benny zurück. Stundenlang waren wir durch die Isarauen gestreift, hatten zusammen gekuschelt. Ihm hatte ich all meine Sorgen anvertraut, später den ersten Liebeskummer ... Wieso war der Hund in meinen unzähligen Therapiesitzungen kein Thema gewesen? Eigentlich hatte ich fast nie von ihm gesprochen, sondern von meiner Einsamkeit als Kind und meiner Schüchternheit. Aber das stimmte doch gar nicht, dachte ich nun. Ich hatte Benny gehabt, meinen allerbesten Freund. Der gehörte nur mir, denn meine kleine Schwester interessierte sich nicht besonders für ihn. Warum bloß war Benny mir abhandengekommen?

»Das ist doch egal«, sagte Stephanie. »Jetzt ist er dir ja wieder eingefallen.«

Ich fand das nicht egal, aber ich nickte. Und dann dachte ich, dass man vielleicht, wenn man einen Hund hat, nicht mehr so viel grübelt. Weil man mehr im Jetzt ist.

Am Telefon fragte ich meine Mutter nach Benny. »Ihr zwei wart ein Herz und eine Seele«, sagte sie und schickte mir ein Foto von Benny als Eilbrief. Ich hängte es über mein Bett, neben das Bild von meinem Papa. Auch ihn vermisste ich schmerzlich, besonders, wenn ich etwas Schönes erlebt oder ein Ziel erreicht hatte. Wie gern hätte ich es ihm erzählt. Aber vielleicht wusste er es ja schon. Das war ein tröstlicher Gedanke. Manchmal nach dem Gassigehen mit Wunjo erzählte ich ihm davon oder fragte ihn um Rat. Irgendwie wusste ich immer, was er mir empfehlen würde. In meinem Leben war er stets so etwas wie ein moralischer Kompass und den trage ich für immer in mir.

Unterwegs mit Stephanie musste ich einmal schmunzeln, als mir bewusst wurde, dass nicht ich den Hund Gassi führte, sondern er mich. Aber das war ein seltener Moment. Meistens war ich ziemlich angespannt, gestresst, nervös, tänzelte am Rande einer Panikattacke und bemühte mich, die Anforderungen zu erfüllen, die Stephanie an mich als Hundeführerin stellte.

Im Dezember schafften wir einen Marathon. Stephanie meinte, das wären jetzt aber locker 100 Meter gewesen. Wir waren im dreistelligen Bereich der Gefahrenzone angelangt! Zuerst freute ich mich auch. Aber dann fragte ich sie durchaus ein wenig bitter: »Was ist das schon? Andere laufen so was in unter zehn Sekunden. Ich brauche eine halbe Stunde dafür und viele Pausen und bin danach verschwitzter als ein Athlet.«

»Jetzt mach dich nicht so runter«, sagte Stephanie. »Sei stolz auf dich. Wunjo und ich sind es auch, stimmt's?«

Freundlich klopfte Wunjos Rute auf den Boden.

Beim nächsten Treffen mussten wir nach der Hälfte der bereits eroberten Strecke umkehren. Und so ging es hin und her und auf und ab. Je weiter ich mich von meinem Sicherheitsbereich entfernte, desto nervöser wurde ich, desto mehr musste ich leiden, desto anstrengender war es, dagegen anzukämpfen, den Fluchtimpuls im Zaum zu halten. Mit jedem Schritt, den ich mich von meinem Daheim entfernte, und vor allem, wenn ich das Haus nicht mehr sehen konnte, wurden die Symptome massiver – und die Zwangsvorstellungen. Dass ich nie mehr nach Hause kommen, dass ich hier auf der Straße im Schneematsch umkippen und liegen bleiben würde.

Stephanie ließ mich nie im Stich. Es gibt Hunde, die sind darauf trainiert, einen epileptischen Anfall ihres Besitzers Minuten ehe dieser ausbricht zu spüren. Der Betreffende riecht dann vielleicht anders, was wir Menschen natürlich nicht wahrnehmen. Diese speziell dafür ausgebildeten Hunde warnen ihren Menschen, weil »es« gleich passieren wird, sodass er sich in Sicherheit bringen kann und beispielsweise nicht mitten auf einer Straße zusammenbricht. Ungefähr so kam mir Stephanie vor. Sie hatte ein sehr feines Gespür für meine Panik und trickste sie oftmals aus. Aber leider eben nicht immer.

Auch die Gespräche mit ihr taten mir gut. Stephanie war ein Jahr älter als ich und lebte ein Leben, wie es sich für unser Alter gehörte. Logischerweise bestand mein Freundeskreis mittlerweile vor allem aus psychisch kranken Menschen, kein Wunder, ich war ja seit sechs Jahren in Behandlung, zweieinhalb Jahre davon sozusagen unter therapeutischer Aufsicht. Ich schätze, dass damals nur etwa zehn Prozent meiner Freunde psychisch stabil waren. Stephanie war zwar keine Freundin, genau betrachtet war sie eine Dienstleisterin, die ich gebucht hatte, doch in meinem Leben spielten sie und Wunjo eine immer wichtigere Rolle. Stephanie lebte, wie ich es mir auch für mich gewünscht hätte: altersgemäß anstatt wie eine olle Oma, die wegen ihrer – wenn auch körperlichen – Gebrechen stets zu Hause bleibt und sozusagen Essen auf Rädern geliefert bekommt. Stephanie hatte ihren Job, einen wunderbaren sogar, als Hundetrainerin und Ausbilderin, sie war frisch verheiratet, lebte in einem tollen Haus, kannte viele Leute, hatte gute Freunde, fuhr übers Wochenende irgendwohin, ging mit ihrem Mann essen und ins Kino und auf Konzerte und, am wichtigsten: Sie hatte zwei Hunde, neben Wunjo die kleine Alma, die gerade mal ein paar Monate alt war. Als sie mir den Welpen vorstellte, war ich hin und weg. So was Niedliches, Süßes, Tapsiges. Zum Auffressen. Da rutschte mir der Satz heraus: »Die könnte ich sofort behalten.«

Dann wurde ich sehr traurig. Weil ich eben keinen Hund halten konnte. Wie sollte ich die Verantwortung für ein Tier übernehmen, wenn ich nicht mal in der Lage war, mich selbst zu versorgen. Es gab Zeiten, in denen ich mich tagelang von Kartoffeln ernährte, weil ich mich geschämt hatte, jemanden um Hilfe zu bitten. Das wollte ich keinem Hund zumuten. Wer sich einen Hund anschafft, muss Verantwortung tragen können und ihn artgerecht halten. Davon war ich meilenweit entfernt. Glaubte ich.

Wenn Stephanie und Wunjo mich in meinem Gefängnis zurückließen, musste ich manchmal heftig weinen. Es gab aber auch Tage, an denen war ich einfach nur stolz auf mich und froh, weil ich wieder ein Stück des Weges bewältigt hatte. Umso schlimmer traf es mich, als ich eines Tages mein Bein nicht mehr unter Kontrolle hatte.

»Bist du umgeknickt?«, fragte Stephanie. Ihr entging aber auch gar nichts.

»Geht gleich wieder«, log ich. Das Hinkebein war eines der Symptome, die sich im Laufe der Jahre zu meinen

Panikattacken gesellt hatten. Es hatte eine Zeit in meinem Leben gegeben, da wachte ich morgens auf und fragte mich, an welcher schweren Erkrankung ich bis zum Abend leiden würde. Was lustig klingt, hatte ich absolut nicht unter Kontrolle, und ich wollte es ganz bestimmt nicht. Aber ich hatte keinen Einfluss darauf.

Es war in der Reha, als ich eines Tages – noch dazu im Beisein eines Therapeuten, mit dem ich üben sollte, an einer Straße entlangzugehen – zu hinken begann. Schlagartig war mein rechtes Bein schwach geworden und trug mich nicht mehr. Kurz zuvor war eine Panikattacke in mir hochgebrandet. Alles in mir wollte losrennen, zurück in mein Zimmer, an den einzigen sicheren Ort auf der Welt, dorthin, wo ich immer Luft bekam, wo ich mich nicht fühlte, als zielten Heckenschützen auf mich. Überall draußen konnte der Lauf eines Maschinengewehres auf mich gerichtet sein, mein Gesicht im Fadenkreuz, so fühlte ich mich. Doch der Therapeut drang darauf, dass ich weiterging. Nicht zurück, sondern nach vorne. Da machte mein Bein schlapp. Es gehorchte nicht, so wie mir mein ganzer Körper immer weniger zu gehorchen schien, er führte ein Eigenleben.

Als ich später über diese Situation nachdachte, kam es mir so vor, als wollte mir das Bein sagen, dass ich auf die Panik hören sollte. Ständig hatte ich neue Ideen, was was bedeuten konnte. So ist es, wenn man im Nebel herumstochert. Ich hatte mich scheinbar rettungslos verlaufen in den Irrungen und Wirrungen meiner Seele, und die Landkarten, die ich benutzte, schienen fremde Gebiete zu beschreiben: Wo war ich, wer war ich, wie sollte ich jemals wieder herausfinden aus diesem Höllenkarussell?

Das Hinken hörte nicht auf, auch nicht am nächsten und übernächsten Tag. Ich konnte nicht schmerzfrei auftreten, deshalb nahm ich diese Schonhaltung ein. Vielleicht hatte ich etwas Ernstes? Bänderdehnung, Kapselriss, Meniskus? Ich bat eine Therapeutin, mich zum Orthopäden zu begleiten. Da der Arzt beim Tasten nichts feststellen konnte, wurde das Knie geröntgt.

»Es fühlt sich an, als bestünde es aus Gummi«, sagte ich zu dem Arzt.

»Gleich wissen wir Bescheid«, erwiderte er.

Hinter einer Arzthelferin humpelte ich in den Röntgenraum. Ich war sehr gespannt auf die Diagnose. Hoffentlich nur eine Kleinigkeit!

»Nichts«, ließ mich der Arzt wissen.

»Wie nichts?« Entgeistert starrte ich ihn an.

»Ich wünschte, meine Knie würden so aussehen wie ihres. Es ist perfekt. Keine Abnutzung, keine Verletzung, ein Knie wie aus dem Lehrbuch. Glückwunsch.«

Als ich aufstand, hoffte ich, dass mein Knie dies gehört hätte. Aber es war eben nicht perfekt. Ihm fehlten die Ohren. Ich wollte, wollte, wollte es nicht – doch ich konnte nicht anders: Ich hinkte aus der Praxis. Und fühlte mich noch schlechter. Alles entglitt mir.

Einige Zeit später erlebte ich das Gleiche mit meinen Augen. Von einem Tag zum nächsten litt ich an Sehstörungen. Schwarze Flecken schwammen durch mein Blickfeld. Es begann, vor meinen Augen zu flimmern, und dann setzten schreckliche Kopfschmerzen ein. Weder der Neurologe noch die Augenärztin fanden einen Grund dafür. Nicht mal eine Brille brauchte ich.

Mit »Normalen« redete ich nicht mehr über solche Aussetzer. Auch wenn sie mir mitfühlend zuhörten, so merkte ich doch, dass mich immer weniger Leute ernst nahmen. Manchmal hörte ich mich selbst reden und dachte, dass ich mich früher im Stillen über so eine kaputtgelacht hätte. Da ich mich fortwährend in Behandlung befand, lernte ich auch immer mehr »Psychos« kennen. Darunter gab es einige beeindruckende Persönlichkeiten, deren Bekanntschaft ich nicht missen mochte. Es gab aber auch schräge Gestalten. Dennoch merkte ich, dass ich mich bei ihnen wohler fühlte als bei den »Normalen«. Ich erkannte, dass ich Gefahr lief, den Kontakt zur normalen Welt zu verlieren, wenn ich mich entweder allein in meiner Wohnung oder im Kreis von anderen psychisch Kranken bewegte. Auch was das betraf, war Wunjo ein Ausweg für mich. Denn ein ausgeglichener Hund, der artgerecht gehalten wird, ist psychisch in der Regel gesund.

# 5

Stephanie lockte mich und weckte meine Sehnsüchte. »Wenn du fitter bist, können wir auch mal wegfahren. Zum Tegernsee beispielsweise. Wir können auch mal einen Ausflug an den Starnberger See machen, was meinst du? Du magst Seen doch?«

Oh ja. Ich liebte es, an einem See spazieren zu gehen, zu schwimmen. Schon so lange war ich nicht mehr am Wasser gewesen. So lange, dass allein die Vorstellung schmerzte. Ich winkte ab. Doch Stephanie blieb hartnäckig. In schillernden Farben malte sie mir aus, wie toll das werden würde. Ich und Wunjo am Ufer. Ich und Wunjo auf einem Steg. Ich würde Stöckchen ins Wasser werfen, Wunjo würde sie für mich holen.

»Meinst du?«, fragte ich schließlich zögernd.

Und ob sie das meinte. Beim nächsten Treffen teilte sie mir kurz und bündig mit: »Heute fahren wir an den Tegernsee.«

»Wie, an den Tegernsee?«, wiederholte ich begriffsstutzig. Der war weit entfernt, mindestens 20 Kilometer. Wie sollten wir da hinkommen?

»Mit dem Auto«, sagte Stephanie.

Ich riss die Augen auf.

»Immer nur hier in der Gegend Gassi gehen ist doch langweilig«, meinte sie salopp und stupste mich an: »Auf geht's!«

Autofahren war ein Problem für mich. Allein das Mitfahren bereitete mir enorme Schwierigkeiten. Dass ich früher selbst gefahren war und ein eigenes Auto gehabt hatte, kam mir manchmal vor wie ein Traum. Ich konnte nur zu Menschen ins Auto steigen, die mir vertraut waren und die darauf Rücksicht nahmen, dass ich Pausen brauchte, mich vielleicht auf die Rückbank legen musste, zwischendurch mal aussteigen wollte. Das alles musste vorher geklärt sein, denn mich in einer Panikattacke zu rechtfertigen, warum ich mich jetzt im Fußraum verkroch ..., das würde alles noch viel schlimmer machen.

Mit Stephanie war ich noch nie Auto gefahren. Ich wusste nicht, wie sie fuhr, wie ich mich fühlen würde mit ihr im Wagen. Aber ... Wunjo war ja auch noch dabei. So aktivierte ich alle meine Kräfte und erklärte Stephanie, dass ich mich vielleicht komisch benehmen würde unterwegs. Sie sollte sich nichts dabei denken, wenn ich die Augen schlösse oder mich zusammenkrümmte, damit ich nichts sehen musste. Stress bereitete es mir beispielsweise, wenn eine rote Ampel auftauchte, vor der bereits einige Wagen standen. Sechs, sieben Stück bildeten in meiner Wahrnehmung bereits einen Stau und dann wurde mir flau und eng zumute. Wann immer ein Auto, in dem ich saß, länger stehen blieb, bekam ich Probleme, die rote Ampel gab den Horrorvorstellungen in meinem Kopf grünes Licht. Warten war eine Qual für mich, denn ich kämpfte ja ständig gegen meinen Fluchtreflex an, der wollte, dass ich raus aus dem Auto sprang und wegrannte, nach Hause in den sicheren Bereich, so schnell wie möglich. Beim Fahren klappte das noch einigermaßen, wobei Autobahnstrecken für mich kaum auszuhalten waren.

Ich versuchte, Stephanie mein Dilemma zu erklären: »Der Aufenthalt im Auto ist so anstrengend für mich, weil die Energie, die sich in der Panik aufbaut, nicht entweichen kann. Sie ist quasi eingesperrt im Auto.«

»Dann machen wir auf alle Fälle die Fenster auf«, empfahl Stephanie. Wider Willen musste ich grinsen.

Ein Auto war allerdings nicht nur ein Angriff, es gab mir auch einen schützenden Raum, in dem ich mich verstecken konnte, am besten im Fußbereich. Da ich mich so unglaublich für mein Verhalten schämte, war der Impuls stark, mich unsichtbar zu machen, den Blicken der anderen zu entziehen. Mit geschlossenen Augen im Fußraum liegend würde ich weder rote Ampeln noch den Stau oder andere Gefahrenquellen sehen, von denen es draußen immer zuhauf gab, sondern einfach nur warten, bis es vorbei wäre und ich aussteigen durfte.

Die Scheiben von Stephanies VW-Bus waren getönt. Das erleichterte mir das Einsteigen. Da würde keiner von draußen reinschauen und sich über mein Gebaren wundern. Hinten im Wagen war viel Platz, die Rückbank frei, da konnte ich mich jederzeit hinlegen. Trotzdem hatte ich ziemlich Herzklopfen, als ich Platz nahm. In meinem Viertel herrschte wenig Verkehr, das ermöglichte mir einen relativ entspannten Start. Wir fuhren den Kalvarienberg hinab und gelangten in eine Einbahnstraße, in der immer sehr viel los war: Autos, Radfahrer, Fußgänger. Innerhalb von Sekunden schnellte mein Paniklevel von zwei auf acht. Mit der rechten Hand umklammerte ich den Türgriff. Jetzt raus. Der Tacho zeigte 30 Kilometer je Stunde. Wenn ich aus dem Auto sprang, würde ich mich verletzen, egal, Hauptsache raus hier. Stephanie bremste, ein Junge rannte über die Straße. Bevor ich realisierte, dass das meine Chance zur Flucht war, fuhren wir schon wieder. Immer tiefer hinein in diese Einbahnstraße, wo man nicht wenden und in den sicheren Hafen meiner Wohnung zurückfahren konnte, von dem wir uns entfernten, Sekunde für Sekunde, Meter für Meter.

Angst gehört zum Überlebensprogramm des Menschen; sie ist ein angeborener Schutzmechanismus. Wann immer Gefahr droht, aktiviert der Körper mittels Ausschüttung von Adrenalin sämtliche Ressourcen. Adrenalin wird sowohl bei Angst als auch beispielsweise bei Lampenfieber aktiviert. Ein Ausnahmezustand – Einbahnstraße oder Auftritt – erfordert höchste Konzentration. Das Adrenalin ermöglicht uns Hochleistungen. Um diese zu erbringen, steigt die Herzfrequenz. Das Blut aus den Extremitäten strömt in die inneren Organe zurück, weil sie wichtig für das Überleben sind. Ohne Beine kann man leben, ohne Nieren nicht. Mit Adrenalin im Blut entwickeln Menschen unglaubliche Kräfte. Außerdem dämpft es auch die Schmerzempfindlichkeit.

Bei einer Panikattacke befindet sich der Körper permanent in dieser Situation der erhöhten Aufmerksamkeit. Er fährt immer Vollgas. Der Körper ist auf Aktion eingestellt, die passiert aber nicht, weil die angebliche Gefahr in der Realität ja nicht existiert. Die Einbahnstraße ist ein Angreifer. Ich will weglaufen, muss aber dableiben und meinem Gehirn beweisen, dass es sich täuscht. Es hat versehentlich Adrenalin ausgeschüttet, obwohl wir das doch eigentlich im Moment nicht brauchen, mehr oder weniger gemütlich im Auto sitzend.

Mit dem hohen Adrenalinspiegel befinde ich mich in

einem Ausnahmezustand, in dem ich eigentlich nicht in der Lage bin, mein Gehirn zu kontrollieren, das ja wiederum eher mich kontrolliert. Das Gehirn sitzt am längeren Hebel. Ich versuche es trotzdem und strenge mich an, irgendwie bei klarem Verstand zu bleiben: Es gibt keinen Grund, Angst zu haben. Das ist nur eine Einbahnstraße. Kein Löwe bereitet sich darauf vor, mich anzuspringen. Aber das wird im Gehirn anders interpretiert, der Körper wird dringendst zur Flucht animiert. Alle Alarmlampen leuchten rot. Und ich – oder die kläglichen Reste, die ich noch zur Verfügung habe – halte dagegen: Nein! Alles in mir will wegrennen, um mein Leben zu retten, und ich versuche, dazubleiben, obwohl ich dann mit Sicherheit gleich sterben werde.

45 Minuten in diesem Zustand – danach bricht man zusammen und ist vollkommen erschöpft. Und hat dabei nur im Auto gesessen … Nach einer halben Stunde Regeneration kann der ganze Zirkus schlimmstenfalls von vorne losgehen. Wenn ich diesen Teufelskreis manchmal erkläre, werde ich gefragt: Und warum kriegt man Panikattacken?

Heute nehme ich diese Frage nicht mehr so ernst wie früher, wo ich mich redlich bemühte, meine Situation zu erklären. Nach sieben Jahren intensiver Beschäftigung mit dem Thema weiß ich, dass es nicht den »einen Grund« gibt, sondern viele. Welche davon ausschlaggebend sein mögen, liegt im Dunkeln. Und es interessiert mich auch nicht mehr. Früher dachte ich, wenn ich den Grund kennen würde, wäre ich geheilt. Heute kümmere ich mich mehr um das Jetzt und die Zukunft, statt im Trüben der Vergangenheit zu fischen. Denn dort habe ich lange geangelt und vieles nach oben gezogen. Manches davon war aufschlussreich und sachdienlich, wie zum Beispiel die Erkenntnis, dass ich viel zu oft Ja gesagt habe, dass ich mich nicht gut abgrenzen konnte, dass ich es anderen zu meinen eigenen Ungunsten oft recht gemacht habe. Anderes hat mich belastet und es kam auch viel zum Vorschein, dem ich zuerst eine Bedeutung zumaß, die es auf den zweiten Blick gar nicht hatte. Hinzu kommt auch, dass man ja keine Ursache für Panikattacken nennen kann. Es gibt keinen Virus, mit dem man sich ansteckt. Und das ist das Problem, denn wie soll man anderen Menschen erklären, woran man leidet? Wenn jemand nicht traumatisiert ist, also beispielsweise Opfer eines Verbrechens, Unglücks, Unfalls oder einer sonstigen Katastrophe wurde, auch Mobbing oder Missbrauch gehören dazu, wenn es also keine konkrete Situation gab – so wie bei mir –, wie soll man das erklären? Die Panik kam wie eine Wolke, verschwand, kehrte zurück.

Eine Zeit lang glaubte ich, dass das wilde Leben in Berlin nicht gut für mich war. Ob das wirklich so stimmt, weiß ich heute nicht mehr. Denn ich fand es ja toll in Berlin, ich war gern dort. Aber natürlich kann es sein, dass es doch nicht so gut für meine Psyche war. Deshalb internierte mich die Panik. Ich war vom rechten Weg, also meinem Weg abgekommen, ich hatte mich Verlockungen hingegeben, die nicht gut für mich waren, und musste nun zurück auf Los, allerdings nicht auf direktem Wege, sondern über das Gefängnis. Es gibt auch Leute, die behaupten, es liege am Karma oder an der Geburtsstunde und dem sich daraus ergebenden Horoskop. Aber kann ich das ändern? Nein.

Ich bin froh, dass ich nicht mehr gegen Dinge kämpfe, die in der Vergangenheit geschehen sind, sondern mich um die Gegenwart kümmere. Allein sie kann ich beeinflussen. Diesen Sinneswandel hätte ich allein wohl nicht geschafft, aber wenn man mit einem Hund lebt, kommt man früher oder später in der Gegenwart an. In der wirklichen Gegenwart, nicht in der einer Panikattacke, wie ich sie erlitt, als ich zum ersten Mal mit Stephanie Auto fuhr.

Sie warf mir einen prüfenden Blick zu und dann verwickelte sie mich in ein Gespräch. Wie mein Wochenende gewesen sei, wollte sie wissen. Ich hätte sie am liebsten angeschrien, dass das doch jetzt keine Rolle spiele, ich kämpfte hier mit ganz anderen Monstern, außerdem war mein Wochenende scheiße wie fast alle. Was nicht stimmte, mir aber in diesem Moment so vorkam. Vor uns Autos. Hinter uns Autos. Wir waren eingekesselt.

»Was hast du so gemacht?«, fragte Stephanie.

Wenn man etwas gefragt wird, gibt man eine Antwort. Ich war gut erzogen und stammelte irgendetwas. Stephanie reagierte nicht auf meine Symptome. Ruhig erzählte sie mir, was sie an diesem Wochenende gemacht hatte. Ich konnte nicht zuhören, sagte aber mehrfach Ja. Dann fragte sie mich wieder etwas. Ich war nicht in der Lage zu antworten. Wie so oft in der Panik litt ich an Wortfindungsstörungen. So stöpselte ich mit vielen Ähs und Öhs herum. Stephanie hörte mir aufmerksam zu, fragte nach.

»Ich, äh, also ich war, äh, äh, also mit meiner Be-, äh, Be-, na, Bedingends, äh, Betreuerin, ja, genau die war da, äh, also sie hat mich, äh, also irgendwie abgeholt und dann, äh, waren wir, äh, in einem Dingens, also, äh, einkaufen in so einem, äh, großen Kaufladen.«

»Prima«, sagte Stephanie, setzte den Blinker und bog rechts ab. Die Einbahnstraße lag nun hinter uns, was mich aber nur kurzzeitig erleichterte, da wir schon ein ziemlich großes Stück von meinem Zuhause entfernt waren. Wir fuhren durch die Altstadt von Bad Tölz. Sehr viel Verkehr jetzt. Ich zitterte am ganzen Körper. Mit letzter Kraft presste ich heraus: »Ich geh mal nach hinten«, quetschte mich zwischen den beiden Vordersitzen hindurch und legte mich zu Wunjo auf den Boden. Der freute sich über meine Gesellschaft und wedelte zur Begrüßung mit dem Schwanz. Ich schob meine Hände in sein weiches Fell. Sofort ging es mir besser. Wunjo hatte keine Probleme mit Einbahnstraßen. Er fuhr auch gern Auto, genau genommen war das sein VW-Bus, was er fremden Hunden, die hier einsteigen wollten, auch freundlich, aber bestimmt erklärte. Schließlich setzte er sich, als wollte er mir zeigen, dass er der Große war, und schaute mir intensiv in die Augen. Hätte er sprechen können, hätte er mich vielleicht gefragt, wieso ich mich so aufregte. Wir waren unterwegs zu einem tollen Spaziergang am Wasser. Ich streichelte ihn und mein Atem beruhigte sich. Trotzdem blieb ich den Rest der Fahrt über lieber hinten bei meinem felligen Fels in der Brandung.

»Wir sind da«, sagte Stephanie.

Schon?, schoss es mir durch den Kopf. Ich hatte die Autofahrt überlebt! Ich beglückwünschte mich und knuddelte Wunjo, der jetzt auch rauswollte. Mit der Schnauze in der Luft witterte er. Er roch das Wasser, ich sah es. Blau und glatt wie ein straff gezogenes Tischtuch lag der Tegernsee vor uns.

Es erleichterte mich, dass nur wenige Menschen unterwegs waren. Wo auch immer ich mich befand, ich scannte die Umgebung, machte eine Bestandsaufnahme. Wie viele Menschen sind da, wo kann ich mich verstecken, wo befindet sich die nächste Toilette, welche Fluchtwege gibt es, wie kann ich Menschenmassen entgehen, wie weit kann ich mich maximal vom Auto entfernen, wie lange brauche ich von egal welchem Punkt zurück zum Auto …

Ich klinkte den Karabiner der Leine in Wunjos Halsband und blieb zögernd neben ihm stehen, womit er nicht einverstanden war. Er zog Richtung Wasser. Vorsichtig gab ich nach.

»Wunjo mag Wasser«, lachte Stephanie und folgte uns.

Auf dem Weg zum Wasser wurden meine Knie weich. Nein, diesmal drohte kein Hinkebein und auch kein Paniksturz. Meine Erinnerungen und Sehnsüchte und die Fassungslosigkeit, dass ich tatsächlich nur noch wenige Schritte von einem See entfernt war, überfluteten mich. Träumte ich? Nein, dies war real. Mit einem Hund an der Leine lief ich zum Wasser, ich roch es, ich hörte das sanfte Schwappen der kleinen Wellen am Ufer des glatten Sees.

Wunjo beschleunigte sein Tempo. Ich schaute mich nicht mehr um, wer uns beobachtete, ich maß die Distanz zum Auto nicht, ich folgte ihm einfach und dann machte ich die Leine los. Wunjo fetzte die letzten Meter im Galopp ins Wasser, lief hinein bis zum Bauch, blieb stehen, drehte sich zu mir um. Mitte Februar, wenn auch seit Tagen der Föhn warm von den Alpen blies, war es noch recht frisch. Wenn ich gesund wäre, dachte ich, wäre mir das egal. Wenn ich gesund wäre, würde ich jetzt auch reingehen. Wenigstens mit den Füßen. Vielleicht bis zu den Knien.

Dann dachte ich, dass ich, wenn ich gesund wäre, nicht hineingehen müsste, weil ich dann auch im Juni, Juli und

August baden könnte, weil mein Aufenthalt am Wasser ja dann keine einmalige Gelegenheit wäre, für die ich so viel auf mich genommen hätte, sondern Alltag, wenn ich das wollte. Wenn ich gesund wäre, könnte ich jeden Tag ans Wasser fahren, einfach so. Ein Beben, tief aus meinem Innersten, erfasste mich. Meine Schultern zuckten.

»Wunjo fragt dich, ob du ihm einen Stock wirfst«, hörte ich Stephanies Stimme hinter mir.

Ich bückte mich und hob den einzigen Ast auf, der hier lag, als hätte ihn die Requisite für mich vorbereitet, wie ein Film kam mir das alles vor. Ich warf den Stock, Wunjo holte ihn, schüttelte sich vor meinen Beinen, ich quiekte und warf noch einmal. Und dann rannte ich los, auf den großen Holzsteg zu, wurde langsamer, als mir bewusst wurde, dass ich mich vom Auto entfernte, ging aber weiter in die Richtung des Wassers bis zum Ende des Stegs und blieb ganz vorne stehen.

Wenn ich jetzt ohnmächtig werde, dachte ich, wenn ich jetzt ins Wasser falle, wäre das ein schöner Tod, aber Wunjo und Stephanie würden mich rausziehen. Ich drehte mich um. Wunjo saß am Anfang des Stegs und beobachtete mich mit schräg geneigtem Kopf, Stephanie saß ein Stück hinter ihm auf einer Bank. Sie musste mir nicht sagen, was ich tun sollte.

»Wunjo!«, rief ich und breitete die Arme aus. Da spurtete er los in langen Sätzen, seine Pfoten tappten auf dem Holz, dann war er bei mir. Ich setzte mich, ließ die Beine baumeln, Wunjo nahm neben mir Platz. Ich legte meinen Arm um ihn und schaute mit ihm über den See, Stephanie im Rücken. Überwältigt ließ ich den Wasserspiegel des Tegernsees ansteigen.

# 6

»Irgendwie kommst du mir verändert vor«, sagte einer meiner Therapeuten, der hin und wieder mit mir in die Stadt ging. »Eben habe ich mir gedacht, dass du aussiehst, als wärst du gewachsen.«

Ich musste grinsen. Dann klärte ich ihn darüber auf, dass das stimmte. Denn schon bei unserem zweiten oder dritten Treffen hatte Stephanie mich darauf aufmerksam gemacht, dass Wunjo in mir keine Führungspersönlichkeit sehen könnte, wenn ich meine Körpersprache nicht veränderte. Ich würde keinen selbstbewussten Eindruck machen, sondern einen unsicheren. Stephanie vermittelte mir diese Kritik freundlich und allein in Bezug auf meine Qualitäten als Hundeführerin.

»Was kann ich verbessern?«, fragte ich und sie erklärte es mir. Ich sollte nicht dauernd auf den Boden schauen, Kopf und Kinn heben, die Schultern locker nach unten sinken lassen, dabei den Brustkorb nach vorne strecken. Aufrecht und stark sollte ich gehen und stehen, mich insgesamt mit mehr Muskelspannung bewegen. Das hatte ich nun oft genug geübt und offensichtlich mit Erfolg, wenn mein Therapeut mich darauf ansprach. Für mich allein hätte ich an meiner Haltung nichts geändert, aber für Wunjo und vor allem dafür, von ihm respektiert zu werden, war mir keine Anstrengung zu groß.

Stephanie hatte natürlich recht. Mit meiner veränderten Körperhaltung nahm Wunjo mich ernster. Kam nicht erst beim dritten Ruf, sondern schon beim ersten, zog nicht mehr an der Leine, sondern lief entspannt neben mir, schnüffelte nicht dauernd irgendwo herum, sondern konzentrierte sich mehr auf mich und schaute mich aufmerksamer an. Natürlich gehörte zu diesem Prozess auch, dass ich an meiner Stimme arbeitete. Dazu musste ich nicht laut sprechen, sondern bestimmt, wie mir Stephanie erklärte: »Hunde hören sehr gut, man muss sie nicht anbrüllen. Einen Hund anzuschreien verbessert die Situation nie. Aber so ist es ja auch bei uns Menschen, nicht wahr?«

Stephanie ließ mich auch wissen, dass man als Hundeführerin den Respekt seines Hundes verspielt, wenn man ihn nicht beschützen kann. Wer will schon von einem Schwächling oder Feigling angeführt werden? Ein Hund möchte einen souveränen Anführer, keinen unsicheren.

Ich fand ihre Ausführungen sehr interessant, zumal sie alle auf menschliche Beziehungen übertragbar waren. Ein Mensch mit natürlicher Autorität muss nicht schreien. Er zeigt seinen Führungsanspruch durch seine Körperhaltung, Stimme, seinen ganzen Auftritt. Er benötigt keine Machtdemonstration, die ja nur dazu führen würde, dass man seine Befehle aus Angst befolgt. Souveräne Führung sieht anders aus. Ich saugte diese Informationen geradezu auf und versuchte, sie so gut wie möglich umzusetzen. Natürlich wurde ich nicht im Handumdrehen zu einer Führungspersönlichkeit. Ich weiß auch gar nicht, ob ich das gewollt hätte, aber ich lernte, worauf es ankam. Auch ich fühlte mich wohler mit Menschen, die mir ein sicheres Gefühl vermittelten. Und das galt allgemein – nicht nur im Kosmos meiner psychischen Erkrankung. Eltern zum Beispiel sollten ihren Kindern ein Gefühl der Geborgenheit vermitteln, was sie wiederum nur können, wenn sie selbst über eine gewisse Sicherheit verfügen.

Viele Menschen glauben, dass ihre Hunde sie beschützen. Das mag schon sein, aber in einer Partnerschaft, und das ist ein gutes Team aus Mensch und Hund, schauen beide aufeinander. Es gibt durchaus auch Situationen, in denen ein Mensch seinen Hund schützen muss. Zum Beispiel, wenn ein anderer Hund sich aggressiv nähert. Dann kann der Mensch sich fürsorglich vor seinen Hund stellen, er kann ihn an die Leine nehmen und ihm so Sicherheit vermitteln. Stephanie erzählte sehr anschaulich und ich lernte viel Neues und Interessantes von ihr. Sie erklärte mir auch die Bedeutung der Unterwerfungsgeste eines Hundes, wenn er sich auf den Rücken legt und beschnuppern lässt. Er gibt sich völlig preis und demonstriert damit seine Friedfertigkeit, aber auch seine niedere Stellung gegenüber dem anderen. Indem ich selbst anderen auch ohne Not von meinen Panikattacken erzählte, unterwarf ich mich ebenfalls und bat um Schonung, indem ich zeigte, dass ich nicht den geringsten Führungsanspruch hatte. Das alles konnte ich natürlich auch in Büchern lesen, es in der Praxis auf den Spaziergängen mit Wunjo zu lernen, war jedoch eindrucksvoller. Und es lenkte mich von meinen Gedanken ab, wie weit wir vom sicheren Bereich entfernt waren.

Meine neue Körpersprache konfrontierte mich auch mit manchen Angst auslösenden Reizen. Wenn ich nach oben blickte anstatt zu Boden, nahm ich andere Menschen wahr. Wenn ich nicht so leise sprach, wie ich es mir angewöhnt hatte, wurde ich leichter von anderen gehört, ich weckte die Aufmerksamkeit meiner Umgebung, was ich ja eigentlich unbedingt vermeiden wollte, um, wenn sich eine Panikattacke anbahnte, sie möglichst unauffällig handeln zu können.

Als ich Stephanie erzählte, dass ich jahrelang intensiv getanzt, ja sogar damit geliebäugelt hatte, das Tanzen zu meinem Beruf zu machen, meinte sie: »Dann weißt du doch selbst, worauf es ankommt. Ich kann dir nichts Neues erzählen.« Das bezweifelte ich zwar, aber Fakt war, dass ich sehr genau wusste, wie es sich anfühlte und wie es aussah, wenn man in seinem Körper zu Hause war, wenn man ihn selbstbewusst bewohnte. Als Tänzerin hatte ich es genossen, sichtbar zu sein. Ich wollte, dass mich alle anschauten, und ich konnte wunderbar damit umgehen, im Mittelpunkt zu stehen. Ich hatte es ja auch seit meiner Kindheit geübt. Zuerst im Ballett, später beim Eiskunstlauf und ab der Pubertät bei Hip-Hop, Jazz- und Modern Dance. Nun war ich in die Unscheinbarkeit und Unsichtbarkeit abgerutscht. Wie sollte ich da einen Hund überzeugen? Der sich bestimmt nicht würde täuschen lassen.

Und so richteten mich die Spaziergänge mit Wunjo zuerst äußerlich und dann innerlich auf. Genau das hatte mein Therapeut bemerkt. Ja, ich war gewachsen. Und das spürte ich auch selbst. Ich ging wieder allein zum Einkaufen. Es war zwar jedes Mal ein Horrortrip, doch ich verließ die Wohnung ohne Begleitung und war allein in der gefährlichen Welt außerhalb meiner Wohnung unterwegs. Das war ein unglaublicher Fortschritt für mich, auch wenn ich sehr um diese Freiheit kämpfen musste.

Eine Stunde, ehe ich hinausging, begann ich mit den Vorbereitungen. Ich meditierte, entspannte mich und stimmte mich mental auf das Bevorstehende ein. Außerdem spielte ich gedanklich alle Eventualitäten durch, um bestmöglich vorbereitet zu sein. Wenn es beispielsweise sehr heiß war, beschloss ich, die Wohnung erst abends zu verlassen, da ich Hitze nicht so gut vertrug. Sie schwächte mich, ich musste aber stark sein in dieser Ausnahmesituation, allein dort draußen. Wenn ich schlecht drauf war oder bei der Vorbereitung merkte, dass ich bereits bei der Vorstellung überfordert war, verschob ich den Einkauf. Ich wollte kein Scheitern riskieren. Deshalb überlegte ich mir auch genau, wann ich in welchem Geschäft sein wollte – wenn dort voraussichtlich nicht allzu viele Kunden wären, denn jeder von ihnen bedeutete eine Gefahrenquelle für mich. Je mehr Menschen, je mehr Zeugen einer eventuellen Panikattacke, desto schlimmer.

Bevor ich die Wohnung verließ, malte ich mir auch noch meine Belohnung aus. Etwas besonders Leckeres zu essen oder eine Zeitschrift, die mich interessierte, ein Eis. Darauf konzentrierte ich mich und ging hinaus mit dem Gedanken, dass ich mir nun diese Belohnung holen würde. Je nach Tagesform kam ich fix und fertig oder einigermaßen ruhig in dem Geschäft an, das ich vorher ausgewählt hatte. Immer nur eines pro Tag, mehrere Besorgungen hintereinander hätten mich überfordert. Unterwegs sagte ich mir vor: Du hast es gestern und vorgestern geschafft, wieso solltest du es heute nicht schaffen, ist doch alles easy. Wenn es sehr gut lief, konnte ich das Draußensein auch ein kleines bisschen genießen, mal in ein Schaufenster blicken oder Menschen beobachten. Wenn es nicht gut lief, drehte ich um.

Manchmal stresste es mich, wenn viele Leute unterwegs waren, weil ich dann befürchtete, dass ich anstehen musste. Solange ich mich bewegte, konnte ich es einigermaßen aushalten. Stehen bleiben oder anstehen brachte mich in Gefahr, deshalb durften nicht allzu viele Kunden im Laden sein. In den Geschäften, in denen ich einkaufte, kannte ich mich aus wie in meiner Westentasche. Ich wusste genau, wo ich welches Produkt finden würde, sodass ich ganz schnell zu den Regalen laufen konnte und nicht suchen musste, was mich vielleicht noch nervöser gemacht hätte. Deshalb kaufte ich auch immer in denselben Geschäften ein. Überfiel mich in einem Laden Panik, mied ich ihn zukünftig, da mir das so peinlich war. Dann war ich noch gestresster, weil ich mir eine Alternative suchen und von vorne anfangen musste. Wo steht hier der Zucker und wo gibt es meinen Lieblingsjoghurt?

Wenn ich mich stark fühlte, nutzte ich die Gelegenheit, mich auch in Warengängen umzusehen, die ich noch nicht kannte, und hin und wieder ein neues Produkt zu kaufen. Oder ich schlenderte nach Hause, anstatt mehr oder weniger zu joggen, und versuchte, den Freigang zu genießen. Spür mal den lauen Wind auf der Haut, sagte ich zu mir. Spür mal deine Füße auf dem Trottoir. Auch wenn mir das gelang, musste ich mich danach ein, zwei Stunden ausruhen, erholen, auftanken.

Der Knackpunkt beim Einkaufen war stets die Kasse. Während ich Produkte in meinen Korb legte, behielt ich sie immer im Blick, um mich, wenn die Schlange kurz war, sofort anzustellen. Das Warten in der Schlange war das Schlimmste. Schlangestehen bedeutete Stillstand. Da konnte ich nicht ausbrechen. Vorne Leute, hinten Leute, ich dazwischen eingekesselt. Und dann hatte jemand seine

Pin vergessen oder fummelte ewig in seiner Geldbörse herum. In solchen Situationen brach mir der Schweiß aus. Ich überlegte, ob ich meinen Korb irgendwo hinstellen und weglaufen sollte. Stark bleiben, suggerierte ich mir. Durchhalten. Ab dem Moment, wo ich meine Waren auf das Förderband legte, wurde es richtig kritisch. Jetzt konnte ich nicht mehr weglaufen. Natürlich hätte ich es gekonnt. Theoretisch. Wer sollte mich aufhalten? Aber so etwas hätte ich nie getan, dafür war ich vielleicht zu gut erzogen, so etwas machte man nicht – und diese gesellschaftliche Erwartung, die ich an mich selbst stellte, stresste mich erst recht.

Deshalb legte ich meine Waren immer erst im allerletzten Moment ab und sprach mir Mut zu. Das schaffst du, sagte ich zu mir, das kriegst du hin. Ich lobte mich: Das machst du super. Ich lockte mich: Gleich ist es vorbei. Und das war es dann ja auch und ich konnte meine Belohnung im sicheren Bereich genießen. In seltenen Fällen gelang es mir sogar, dies draußen zu tun, zum Beispiel im März ein Eis in Sichtweite meines Hauses mit Blick auf die Isar unten in der Stadt zu essen. So schmeckte meine große Freiheit.

# 7

Mit Wunjo an meiner Seite lief ich auch direkt an der Isar entlang und bald sogar mitten durch Bad Tölz. Ich fühlte mich stolz wie Bolle. Einmal waren wir zwei Stunden unterwegs! Das wäre einige Wochen zuvor noch undenkbar gewesen.

An einem milden Tag Ende März, der den Anschein machte, als hätten wir den April übersprungen und wären schon im Mai, ging ich mit Stephanie und Wunjo an der Isar entlang. Viele Menschen genossen das schöne Wetter, alle waren gut gelaunt und nur hin und wieder traf uns ein misslauniger Blick, weil wir Wunjo und Alma, die beide hervorragend folgten, frei laufen ließen. Wann immer uns angeleinte Hunde begegneten, leinte ich Wunjo ebenfalls an, so hatte mich Stephanie instruiert. Wenn man einem angeleinten Hund begegnet, leint man seinen eigenen frei laufenden an, außer der andere Hundebesitzer leint seinen Hund ab. Hunde sollen sich immer mit gleichen Chancen begegnen. Läuft ein freier Hund zu einem angeleinten, kann dies leicht in einem Gerangel enden, weil der angeleinte sich beengt fühlt. Ich hatte längst erfahren, dass viele dieser ungeschriebenen Gesetze nicht von allen Hundebesitzern befolgt wurden, ja dass es unter Hundebesitzern auch ziemlich schräge Typen gab.

Ein Stück vor uns spazierte eine Frau mit zwei Beagle

und einem Boxer. Die beiden Beagle waren außer Rand und Band. Ihre Besitzerin brüllte sie an, der Boxer bellte wild. Stephanie sagte: »Lass uns umdrehen und über die Brücke zurückgehen.« Außerdem wies sie mich an, Wunjo an die Leine zu nehmen, der die drei mit aufgestellten Ohren und steiler Rute musterte. Gefährlich sah er aus. Ich hakte den Karabiner in sein Halsband, Stephanie nahm Alma an die Leine und wir kehrten um.

Doch die Frau bog nicht, wie wir erwartet hatten, links ab, sondern ging ebenfalls zurück – und nicht nur das. Sie nahm die Abkürzung durch ein kleines Wäldchen und stand auf einmal vor uns. Stephanie instruierte mich: »Nimm Wunjo hinter dich und lass ihn sitzen, bis die Gruppe an uns vorbei ist.« Der Plan klang gut, doch es kam anders. Denn plötzlich rasten die beiden Beagle auf uns zu, genauer gesagt, auf mich zu, weil Wunjo ja hinter mir saß, beziehungsweise aufgesprungen war, das schwarze Fell gesträubt.

Schreck! Was nun? Das war keine Panikattacke, die hätte ich irgendwie gewuppt. Das war ein Monster, es hatte acht Beine und ziemlich viele Zähne. Stephanie sagte nichts oder ich war so angespannt, dass ich es nicht hörte. Ich stellte mich breitbeinig auf, mein Herz schlug so heftig, dass ich fast keine Luft mehr bekam, und als die Beagle nur noch wenige Meter entfernt waren, streckte ich ihnen meine Handflächen entgegen und brüllte »Stopp!«.

Beide blieben sofort stehen.

»Sitz!«, rief ich.

Beide setzten sich. Sie zögerten nicht mal. Ich atmete durch. Und dann rief ich ihnen »Haut ab« zu. Sie blieben sitzen. Doch als ich eine entsprechende Armbewegung machte, liefen sie zurück zu ihrer Besitzerin. Mir zitterten die Knie und Wunjo schaute mich beeindruckt an.

»Prima«, sagte Stephanie. »Jetzt hast du Wunjo bewiesen, dass du ihn beschützen kannst. Du hast ihm gezeigt, dass er dir vertrauen kann. Du hast ihm Sicherheit gegeben, du bist eine Führungspersönlichkeit.«

Ich war sehr gerührt, obwohl mir natürlich klar war, dass Wunjo die Begegnung auch ohne mich hätte regeln können. Aber darauf kam es ja nicht an. Es ging um sein Vertrauen in mich. Auf dem Heimweg ließ ich es mir nicht nehmen, eine Beinscheibe für ihn zu kaufen, obwohl er die eigentlich für mich hätte springen lassen müssen, wie Stephanie augenzwinkernd meinte.

# 8

Eines Tages fragte Stephanie mich, was ich eigentlich früher beruflich gemacht hatte. Ich erzählte ihr, dass ich Marketingkommunikation studiert hatte und als Eventmanagerin tätig war. Sie fragte nach und ich geriet ins Schwärmen. Wie toll mein Job in Berlin gewesen sei, wie gern ich ihn gemacht hatte und wie sehr ich mir wünschte, wieder im Marketing arbeiten zu dürfen. »Manchmal, wenn ich aus dem Fenster schaue und Leute sehe, die zur Arbeit gehen oder von der Arbeit heimkommen, beneide ich sie. Ich würde so gern auch wieder dazugehören. Aber alle Jobs, die ich nach meiner Rückkehr nach Bayern gemacht habe, waren Notlösungen. Ich habe mich nicht mehr an eine große Aufgabe mit Verantwortung herangetraut. Ich hoffe, das ändert sich noch.«

»Gewiss«, sagte Stephanie und ich hörte nicht den geringsten Zweifel in ihrer Stimme. Ach, könnte ich doch genauso sicher sein!

»Allerdings möchte ich nicht mehr für ein ausschließlich gewinnorientiertes Unternehmen arbeiten«, erzählte ich ungefragt weiter. »Ich habe viel Geld verdient, meine Firma hat viel Geld verdient, alles hat sich ums Geld gedreht. Aber letztlich habe ich keinen Sinn darin gesehen.«

»Und wie sieht dann dein Traumjob aus?«, fragte Stephanie neugierig.

»Ich würde sehr gerne im Bereich Marketing, Werbung,

Kommunikation bleiben, aber nur für ein Unternehmen, hinter dem ich inhaltlich stehe. Also, ich würde jetzt nicht Marketing für eine Bank machen wollen oder für was weiß ich. Wenn schon, dann lieber für SOS-Kinderdörfer oder eine Einrichtung dieser Art.«

»Du suchst also eine Aufgabe mit sozialem Hintergrund«, fasste Stephanie zusammen.

»Ja, das ist mir wichtig. In Berlin habe ich einmal eine Zeit lang in der Finanzbranche gearbeitet und in München Fonds verwaltet, die einen Umfang von über 100 Millionen hatten. So manches Mal habe ich mich am Ende des Tages gefragt, was ich eigentlich gemacht habe. Ich will abends nach Hause kommen und wissen, dass ich etwas Sinnvolles geleistet habe. Es darf anstrengend sein, es darf mich ärgern, es darf Energie kosten, egal. Aber ich muss wissen, dass ich etwas«, ich grinste, »Gutes getan habe.«

Stephanie nickte. »Das kann ich verstehen. Mir geht es genauso.«

»In den letzten Jahren habe ich auch einige Praktika gemacht. Da war ich wegen meiner Kenntnisse genau dort eingebunden, in der Marketingabteilung von sozialen Organisationen. Ich habe deutlich gespürt: Das ist es, da will ich hin.«

Stephanie fragte mich direkt: »Magst du dir meine Website mal anschauen und mir sagen, was du davon hältst?«

Mit Feuereifer stürzte ich mich auf diese Aufgabe. Stephanie hatte gleich mehrere Websites. Einmal als Hundetrainerin, dann als Ausbildern für Therapiebegleithunde, außerdem betrieb sie mit einer Partnerin ein Unternehmen für schadstofffreies Hundespielzeug, das in Behindertenwerkstätten hergestellt wurde. Beim nächsten Treffen sprudelten die Ideen nur so aus mir heraus. Stephanie unterbrach mich. »Lass uns erst mal Gassi gehen. Darüber können wir später sprechen.«

Ich fragte Stephanie, wann sie ihre Termine vereinbarte, und erfuhr, dass sie nie Mittagspause machte. Tagsüber nahm sie viele Termine wahr, mittags und abends rief sie die Leute zurück, die Trainingsstunden vereinbaren wollten, organisierte Seminare, beriet Kunden, kümmerte sich um neues Spielzeug, Steuer und Bürokram, telefonierte mit den Behindertenwerkstätten und vieles mehr.

»Du brauchst eine Officemanagerin«, entfuhr es mir.

Stephanie zuckte mit den Schultern. »Ich weiß. Aber das kann ich mir im Moment noch nicht leisten.«

»Kann ich ein Praktikum bei dir machen?«, fiel ich mit der Tür ins Haus.

Stephanie schaute mich nachdenklich an, dann sagte sie »Ja«.

Wir besprachen die Rahmenbedingungen. Für mich war es wichtig, dass ich von zu Hause aus arbeiten konnte. »Ich will nirgendwo hin müssen. Und ich kann mich auch nicht verpflichten. Es ist erst mal ein Versuch. Ich kann mir vorstellen, dass es mir guttut, wenn ich arbeite, weil ich dann abgelenkt bin. Aber ich kann es nicht garantieren. Deshalb würde es mich entlasten, wenn ich erst mal kein Geld bekäme. Bei meinen anderen Praktika habe ich auch nichts gekriegt.«

»Das gefällt mir nicht«, meinte Stephanie.

»Aber mir!«, rief ich. Allein die Vorstellung, dass ich Geld erhalten sollte, machte mir Druck. Sobald ich Geld bekam, musste ich Leistung bringen, immer, ständig, und genau das würde meine Leistungsfähigkeit blockieren.

Wenn es gut klappte, konnten wir in einigen Wochen oder Monaten immer noch über einen Minijob oder was auch immer sprechen. Und wenn es richtig gut läuft, dachte ich bei mir, verdiene ich meine Stelle selbst. Ich schaffe es, Stephanie so zu entlasten und so viel Geld reinzuholen, dass sie sich mich leisten kann. Lang hatte ich keinen solchen Traum gehegt. Er war so schön, dass ich ihn ganz schnell in eine dunkle Ecke verbannte, denn schöne Träume, das hatte ich in den letzten Jahren bitter erfahren, wurden nie wahr, das schafften nur Albträume.

Eine Woche später wies Stephanie mich ein. Es klappte so gut, dass ich nach drei Wochen ihr Geschäftstelefon bekam und mich nun meldete: »Büro Stephanie Lang von Langen, Tanja Buburas, guten Tag.« Während ich zuerst nur Termine vereinbarte und Fragen für Stephanie notierte, die sie später persönlich beantwortete, wuchs ich schnell in meinen neuen Bereich hinein.

Leider war das Officemangement – ich liebte es – kein Allheilmittel gegen die Panik, die mich nach wie vor überfiel. Aber wenn ich arbeitete, war ich meistens abgelenkt. Allerdings konnte ich keine acht Stunden arbeiten, auch keine sechs oder regelmäßig vier, denn wegen der Medikamente, die ich nahm, litt ich an vielen Nebenwirkungen wie Müdigkeit, Antriebslosigkeit, Kopfschmerzen und so weiter, manchmal mehr, manchmal weniger. So konnte ich mich meiner Tätigkeit nicht in dem Umfang widmen, wie ich es gern gemacht hätte.

Zahlreiche Ideen gingen mir durch den Kopf, wie ich Stephanie unterstützen konnte. Ich erstellte einen Businessplan und unterbreitete Vorschläge zum neuen Internetauftritt, zu Mailings, Newslettern und so weiter. Aber eben langsam. Allein am Telefon war ich fix und bediente es zu den üblichen Bürozeiten. Allmählich wurden meine Telefonate mit den Kunden länger. Man lernte sich kennen. Neukunden gingen davon aus, ich wüsste über alles Bescheid, und stellten mir Fragen.

»Ich habe mich vorhin so schlimm mit meinem Mann gestritten. Was empfehlen Sie? Darf ein Hund aufs Sofa?«

»Mein Hund hat den Postboten gebissen, was soll ich tun?«

»Mein Zeus pinkelt zu Hause permanent alles an, warum macht er das?«

»Soll ich meine Luna kastrieren lassen? Ist sie dann ein anderer Mensch?«

»Ehrlich gesagt bezweifle ich, dass Ihre Luna durch die Kastration zum Menschen wird«, erwiderte ich.

Die Frau am anderen Ende der Leitung platzte laut heraus.

Ich führte viele solche Telefonate. Und obwohl ich die Fachfragen nicht beantworten konnte, schien es zu meinen Aufgaben zu gehören, eine Weile zuzuhören. Deshalb riefen die Leute ja an. Sie hatten ein Problem mit ihrem Hund, sie wollten ein Training mit Stephanie vereinbaren oder sich für eine ihrer Gruppen anmelden, sie wollten dies und das und viele interessierten sich für das Wunjo-Projekt, in dem Stephanie Teams, bestehend aus Mensch und Hund, in der tiergestützten Therapie ausbildete. Darüber konnte ich ihnen natürlich Auskunft geben.

Gerade therapeutisch arbeitende Menschen wollten ihren Hund gern an ihrem Arbeitsplatz einbinden. Aber auch Leute mit viel Freizeit, die etwas Sinnvolles tun wollten, oder andere mit wenig Freizeit, die einen Ausgleich suchten, und solche, die sich eine Aufgabe für ihre Hunde wünschten und keine Lust hatten, Seit' an Seit' mit ihrem Vierbeiner über Hindernisse zu springen, Dummys zu werfen oder Fährten zu verfolgen, zeigten sich interessiert. Die erste Frage war dann stets: »Ist mein Hund dafür geeignet?«

»Solange er verträglich ist und keine gesundheitlichen Einschränkungen hat: ja«, sagte ich und erklärte im Folgenden die Ausbildung. Die Teilnehmer der Kurse zum Therapiebegleithunde-Team lernen verschiedene Krankheitsbilder kennen und erfahren, wie sie mit den einzelnen Klienten umgehen sollten: ob Kleinkind, Schulkind, Senior, psychisch kranker oder dementer Mensch. Ein hohes Augenmerk wird in der Ausbildung auf das Befinden des Hundes gelegt, denn viele Halter überfordern ihre Hunde, ohne es zu merken. Ein ungeübter Blick erkennt die Warnzeichen auch nicht.

In der Ausbildung werden Schulen, Kindergärten, Altenheime und andere Einrichtungen besucht. Die Hunde lernen, mit den verschiedenen Gegebenheiten zurechtzukommen, neben einem Rollstuhl oder Krücken zu laufen, sich von alten Menschen streicheln zu lassen, mit ungestümen Kindern umzugehen und so weiter. Oft kristallisiert sich bereits in der Ausbildung heraus, wohin es ein Team zieht. Stephanie besuchte mit Wunjo einmal wöchentlich ein Altenheim in Bad Tölz. Als ich sie einmal begleitete und sah, wie sehr sich die Bewohner über Wunjo freuten, wie alte Menschen, die apathisch in ihren Stühlen mehr hingen, denn saßen, förmlich aufblühten, war ich sehr beeindruckt.

Ein Pfleger erzählte mir, dass Stephanie – »Nein, das war Wunjo«, korrigierte sie – es geschafft hatte, mehrere Bewohner, die eigentlich nicht mehr sprachen und sich völlig in sich zurückgezogen hatten, zur Kommunikation zu bewegen. Ich sah uralte Hände voller blauer Adern langsam über Wunjos Fell streicheln. Ich sah das Glück der Erinnerung in wässrigen Augen aufleuchten. Ich bekam Gänsehaut, weil ich spürte, wie großartig das war, was Stephanie mit Wunjo hier leistete. Es tat auch ein bisschen weh, weil ich merkte, das ich das selbst noch nicht tun konnte.

»Viele arbeiten lieber mit Kindern«, erzählte Stephanie mir später. »Aber mir – und vor allem Wunjo – gefällt es bei den alten Leuten. Wunjo ist lieber bei den Senioren als bei den Kindern, die sind ihm manchmal zu hektisch.«

Ich erfuhr, dass maximal zwei Besuche hintereinander möglich waren, weil der Hund danach fix und fertig war, obwohl er ja eigentlich nichts getan hatte, sich nur streicheln ließ. »Aber wir wissen nicht, was sie aufnehmen an Emotionen«, sagte Stephanie. Ich stellte mir vor, dass Wunjo meine Panik in sich aufnahm. Tja, da brauchte er danach auch eine Zeit der Erholung.

Im Nachhinein erschien es mir wie ein Wunder, dass Stephanie, obwohl sie nur selten mit psychisch Kranken wie mir arbeitete, sich damals am Telefon bereit erklärt hatte, zu mir zu kommen. Denn die Begegnung mit ihr und Wunjo war wie die Tür zu einem neuen Leben für mich. Und dahinter ging es kunterbunt zu. Ich lernte weitere von Stephanies Mitstreiterinnen kennen, die Dozenten und Dozentinnen vom Wunjo-Projekt, andere Hundefachleute, mit denen sie kooperierte, und manchmal begleitete ich sie auch zu Hundetrainings. Ich stand nun morgens auf und hatte oft einen Termin außerhalb meiner sicheren vier Wände. Mit Stephanie war abgesprochen, dass ich solche Verabredungen auch kurzfristig absagen konnte, je nachdem, wie es mir ging. Verpflichtet hatte ich mich lediglich für das Officetelefon zu den Bürozeiten. Wenn ich mich erholen musste, schaltete ich die Mailbox an und rief zurück.

Mein Leben hatte mit einigen Klicks eine Wende genommen, als ich die tiergestützte Therapie recherchiert hatte. Ich wusste gar nicht mehr, wie ich auf die Idee gekommen war, denn eigentlich hatte ich bei Tieren und Therapie eher an Delfine gedacht, aber zu denen hätte ich fliegen müssen, oder an Pferde und vor denen hatte ich Angst. Ich wünschte mir sehr, noch viel mehr arbeiten zu können, doch leider musste ich so manchen Rückschritt verkraften. Es blieb ein ständiges Auf und Ab, wenn auch mit einem Trend nach oben.

Als ich darüber nachdachte, fiel mir auf, dass es an den Zielen lag. Wenn meine Betreuer mir sagten: »Lass uns mal probieren, Zug zu fahren«, war das nicht verlockend. Wenn Stephanie mich fragte: »Hast du Lust, mich zu einem Hund zu begleiten, der ständig wegläuft? Ich habe einen Termin mit seinem Besitzer heute Nachmittag«, dann wollte ich unbedingt mit. Unterwegs fragte ich Stephanie ein Loch in den Bauch und lernte viel über Hunde … und Hundebesitzer. Im Grunde genommen trainierte sie mehr die Menschen als die Hunde. Wie sie das machte, das begeisterte mich. Und war ich nicht das beste Beispiel für den Erfolg ihrer Methode?

Bevor Stephanie mich zu einer Unternehmung abholte, bereitete ich mich intensiv darauf vor. Oft genug überkam mich im Auto die Panik. Dann hieß es, schnell zu Wunjo nach hinten, meine Hände auf sein Fell legen und mich erden. Die Anfälle waren nie so bedrohlich, dass ich Stephanie bitten musste, umzukehren. Das alles stimmte mich so hoffnungsvoll, dass ich bei meinem Psychiater, den ich regelmäßig aufsuchte, das Thema Medikamentenreduzierung ansprach.

Jahrelang hatte ich ein Antidepressivum genommen. Es hatte meine Stimmung ein wenig aufgehellt, aber leider keine lindernden Auswirkungen auf mein Krankheitsbild gehabt. Erst in der Reha war ich medikamentös zielführender eingestellt worden auf ein anderes Antidepressivum, das bei vielen Patienten Angst und Panik reduzierte. Leider war das bei mir nicht der Fall. Zusätzlich bekam ich ein Neuroleptikum, da ich wegen des Antidepressivums nicht schlafen konnte. Mittlerweile nahm ich nur noch ein Antidepressivum sowie das Schlafmittel, kein Neuroleptikum mehr. Das klappt nicht bei allen Patienten, viele müssen zu Antidepressiva auch Neuroleptika einnehmen, um schlafen zu können.

In der Reha hatte ich einmal über einen Zeitraum von sechs Wochen nur zwei Stunden pro Nacht geschlafen. Wegen einer Stoffwechselbesonderheit war es für die Ärzte bei mir schwierig, die richtige Dosierung zu finden im Bereich zwischen 75 und 150 Milligramm Antidepressivum sowie bis zu 300 Milligramm Neuroleptikum täglich. Diese Wirkstoffe haben starke Nebenwirkungen. So befand ich mich ständig auf einem hohen Energielevel, war geradezu aufgedreht, unruhig, nervös, überreizt, was die Panik einlud. Hitze- und Lichtempfindlichkeit, besonders bei direkter Sonneneinstrahlung, kamen hinzu, worunter ich sehr litt, denn ich liebte die Sonne und brauchte das Licht. Nun vertrug ich beides nicht mehr und musste auch die Hitze meiden, sonst bekam ich Kreislaufprobleme, ich fühlte mich schwach und ausgelaugt, antriebslos.

Die Nebenwirkungen der Neuroleptika führen, wie schon einmal erwähnt, bei vielen Patienten zu einer extremen Gewichtszunahme. Ich kenne mehrere Menschen, die haben bis zu 50 Kilogramm zugenommen. Das passiert bei den sogenannten Fressflashs nach Einnahme der Tabletten. Man wird von einer Heißhungerattacke überfallen, die einen zum Tier werden lässt. Man isst dann auch nicht mehr, sondern frisst eher, schaufelt in sich rein, was man kriegen kann, völlig außer Kontrolle. Ungefähr so stelle ich mir den Fressanfall einer Bulimikerin vor. In der Rehaeinrichtung wurden Kühl- und Vorratsschränke nach der Tablettenausgabe abends mit einem Schloss gesichert. Sie wären sonst am Morgen leer gewesen und womöglich hätte es vor den Schränken Schlägereien gegeben.

Eine weitere Nebenwirkung der Medikamente, unter der ich besonders litt, war das Schwitzen. Manchmal musste ich mich dreimal am Tag umziehen. Und wenn man dann fix und fertig und wie aus dem Wasser gezogen bei seinem Psychiater erscheint, zu dem man gerade mal zehn Minuten zu Fuß gegangen ist, und der rät »Trinken Sie Salbeitee, das reduziert die Schweißproduktion«, dann könnte man schon mal aus der Haut fahren.

In meiner langen Patientinnenkarriere habe ich keinen einzigen Psychiater getroffen, der die Nebenwirkungen der Medikamente ernst genommen hätte. Dabei raubten sie mir das letzte Quäntchen Lebensfreude. Mit einem beschissenen Körpergefühl und all diesen Befindlichkeitsstörungen ist das Leben nicht schön. Mir hätte es geholfen, wenn ein Psychiater das wenigstens einmal anerkannt hätte im Sinne eines: Ja, Sie haben es nicht leicht. Stattdessen bekam ich zu hören: Ist doch gar nicht so schlimm. Doch, es war schlimm. Aber ein Psychiater möchte es natürlich vermeiden, dass der Patient eine Abwehrhaltung gegenüber dem Medikament entwickelt, das er ja einnehmen muss. Denn ohne ist es noch schlimmer. Er kann die Kontrolle verlieren, die Hoffnung – und das kann mit Suizid enden.

Wenn ich das Antidepressivum nicht genommen hätte, hätte ich noch mehr Panikattacken bekommen. Wenn ich das Neuroleptikum nicht genommen hätte, hätte ich nicht mehr schlafen können und noch mehr Panikattacken bekommen. So nahm ich beide und litt an den Nebenwirkungen. Panikattacken hatte ich trotzdem. Aber vielleicht ein bisschen seltener als ohne die Tabletten. Es ist ein Teufelskreis. Ohne Medikament geht es nicht, aber mit ist es die Hölle.

Was mir auch immer im Nacken saß, war die Frage des »Ausschleichens«. Solche Medikamente setzt man nicht einfach ab wie Hustenpastillen. Man muss sie unter ärztlicher Kontrolle über längere Zeit reduzieren. Für Frauen mit Kinderwunsch ist das besonders schlimm, denn manche Wirkstoffe können das Kind schädigen. Eine psychisch kranke Frau kann aber nicht von heute auf morgen auf ihre Medikamente verzichten. Dies könnte physisch zum Zusammenbruch und psychisch zum Suizid führen. Wünscht eine betroffene Frau sich ein Kind, muss sie unter Umständen also sehr lange warten, bis ihr Körper für die Erfüllung ihres Wunsches wirklich bereit ist. Auch wenn ich oft das Gegenteil gehört habe, so weiß ich doch, dass diese Medikamente abhängig machen. Denn wenn man sie reduziert oder absetzt, leidet man an Entzugserscheinungen. Ärztlicherseits wird von Abhängigkeit meistens nur bei sedierenden Medikamenten gesprochen. Dazu gehörten meine Notfalltabletten. Aber von denen war ich nicht abhängig, denn ich griff nur sehr selten zu dieser letzten Maßnahme.

Oft habe ich mit anderen Patienten über das Ausschleichen der Medikamente gesprochen. Wir alle wünschten uns, ohne Tabletten zu leben. Aber wir wussten auch, dass es ein sehr schwieriger Prozess sein konnte. Viele hatten Angst davor oder schon Erfahrungen mit schrecklichen Entzugserscheinungen machen müssen. Nichtsdestotrotz war es immer dasselbe Spiel. Sobald es einem von uns besser ging, kam das Thema Ausschleichen aufs Tablett. Diesmal musste es doch klappen!

Mein Psychiater freute sich über mein Ansinnen und erstellte mir einen Plan, was ich wann wie reduzieren sollte. Leider musste ich hören, dass es sehr lange dauern konnte, bis ich gar keine Tabletten mehr benötigen würde. »Rechnen Sie mit einem Prozess von einem halben Jahr bis Jahr. Wir werden die Dosis sukzessive verringern und sehen, wie Sie damit zurechtkommen. Seien Sie darauf vorbereitet, dass es am Anfang leicht sein wird, da Sie ja hoch dosiert sind. Ab der Mitte und zum Ende hin kann es zu Einbrüchen kommen, da müssen wir vielleicht zwischendurch eine Weile auf einem bestimmten Level bleiben. Ich sage Ihnen das, damit Sie nicht zu viel erwarten.«

Nein, ich erwartete nicht zu viel. Ich wollte genesen und keine Tabletten mehr nehmen wie die alten Damen im Seniorenheim. Ich wollte leben wie eine Frau Mitte 30.

# 9

Der Frühling draußen stachelte mich an, ich wurde übermütig. Alles lief so gut, dass ich auch über mein Privatleben nachdachte. Ich hatte Lust darauf, neue Leute kennenzulernen. Ich hatte Lust, ein bisschen zu flirten. Von einer festen Bindung wollte ich mich erst mal fernhalten, weil ich in den Therapien herausgefunden hatte, dass ich in einer Beziehung nur allzu schnell dazu neigte, mich selbst aufzugeben. Dass Agoraphobie kein Hinderungsgrund für die Liebe darstellte, war mir längst klar. Aber an einer Partnerschaft war ich nicht interessiert, ich suchte einfach Kontakt zu Männern, mit denen ich vielleicht in naher Zukunft auch mal draußen was unternehmen konnte.

An einem Samstagabend meldete ich mich im Internet bei einer Partnerschaftsbörse an. In mein Profil schrieb ich, dass ich eigentlich zwei Profile von mir anlegen müsste. Zum einen das einer Frau Mitte 30 mit ihren Hobbys, Wünschen und Vorstellungen, zum anderen das derselben Frau mit ihren Einschränkungen. Sozusagen ein Profil mit und eines ohne das Thema Panik. So fühlte ich mich mittlerweile manchmal – wie zwei Menschen. Sorgen machte mir das nicht. Ich wertete es als gutes Zeichen, dass die alte Tanja allmählich wieder immer mehr Raum beanspruchte. In meinem Profil beschönigte ich nichts und schrieb auch, dass es mir vielleicht nicht möglich sein würde, mich in der Öffentlichkeit zu treffen.

»Mal sehen, ob sich jemand meldet«, sagte ich am Telefon zu Claudia, die mir diese Plattform empfohlen hatte.

»Es ist wie eine Blümchenwiese, über die du spazierst«, erklärte sie mir. »Du bleibst mal hier stehen und mal dort, schnupperst mal hier und mal da, nimmst vielleicht auch mal eine Blume mit, lässt sie dann aber wieder fallen und ziehst weiter.«

Diese Unverbindlichkeit gefiel mir. Ich glaubte aber nicht ernsthaft, dass mir jemand schreiben würde, und staunte dann nicht schlecht, als sich bereits am Sonntagmittag 20 Interessenten in meinem Posteingang tummelten.

»Das liegt an deinem Foto«, meinte Claudia.

Neben einigen erotischen Angeboten gab es auch ernst gemeinte Anschreiben. Dabei hatte ich das Kästchen Beziehung gar nicht angekreuzt, sondern Freundschaft und Spaß. Bislang hatte ich nicht mal ein Facebook-Profil und betrat somit Neuland. Es gefiel mir sehr gut dort. Bis Sonntagabend hatte ich vier engagierte Verehrer, die mich mit Komplimenten überschütteten. Der, den ich am attraktivsten und interessantesten fand, war leider schon über 60.

»Womöglich ist der in Wirklichkeit über 70«, kicherte Claudia, die mir erklärte, dass man es auf solchen Plattformen mit der Wahrheit nicht immer so genau nahm. Und dann fragte sie mich: »Wieso schaust du überhaupt nach dem Äußeren? Ich dachte, du suchst nur ganz allgemein Kontakt zu Männern.«

Da hatte sie mich natürlich erwischt. Kaum 24 Stunden in der Partnerschaftsbörse unterwegs, spielten die Hormone schon verrückt. Flirten belebt! Aber schnell kam ich wieder zur Vernunft. Ich wollte wirklich keine Beziehung. Auch wenn Claudia mir das nicht glaubte. Sie meinte, das würde ich nur aus Selbstschutz vorgeben, um nicht enttäuscht zu sein, wenn sich keiner für mich interessierte. Doch so war es nicht – und davon war ich selbst völlig überrascht.

In den nächsten Wochen schrieb ich viele E-Mails, mit einigen meiner »Bekanntschaften« telefonierte ich auch. Ich hätte meine Telefonnummer zwar nicht so schnell herausgegeben, doch Claudia meinte, dass man beim Telefonieren viel besser herausfinden könnte, ob man zueinanderpasste – auch rein freundschaftlich –, und dass das wichtig sei, weil sich sonst zu viel an gegenseitigen Illusionen aufbaue. Was meine Erkrankung betraf, erhielt ich keine einzige negative Reaktion, stieß auf sehr viel Mitgefühl und Interesse. Und obwohl ich mich in keinen dieser Bewerber verliebte, rückte das Thema Beziehung dadurch doch wieder ein wenig mehr in mein Bewusstsein.

Ich dachte viel an Andi. Ihn hatte ich kennengelernt, als ich schon Panikpatientin war. Ich konnte also nicht behaupten, nur als symptomfreie Frau eine Beziehung geführt zu haben. Und auch nach Andi hatte es einige Versuche in Sachen Liebe gegeben. Doch er war, außer Carlos in Berlin, meine wichtigste Beziehung gewesen, auch wenn wir nur zweieinhalb Jahre ein Paar waren, in denen wir wegen meiner Rehaaufenthalte nicht immer zusammen sein konnten.

Andi lernte ich am Briefkasten kennen. Ich kam abends von meinem Job nach Hause, da stand ein ziemlich attraktiver Mann im Hausflur und machte sich am Briefkasten neben meinem zu schaffen. Das muss der Neue sein, schoss es mir durch den Kopf. Gesehen hatte ich ihn noch nie, aber gehört. Vor zwei Wochen war er eingezogen. Als er eine Matratze an mir vorbeischleppte, hatte ich lediglich seine Hände gesehen, nichts vom Gesicht, weil es hinter der Matratze verborgen blieb. »Danke«, sagte eine sympathische Stimme, als ich ihn vorbeiließ, und dann noch mal, als ich eine Tür für ihn aufhielt. Ich wohnte damals schon ein Jahr in dem Haus, kämpfte mal mehr, mal weniger schlimm mit Panikattacken, ging zur Therapie und jobbte als Sachbearbeiterin. Der Mann am Briefkasten trug einen teuren Anzug. Auf so was wäre ich früher abgefahren, dachte ich.

»Hallo«, sein Lächeln war strahlend. »Ich bin neu eingezogen. Ich heiße Andi«, er reichte mir die Hand. Ich stellte mich ebenfalls vor und lud ihn auf ein Feierabendbier zu mir ein. Er kam fünf Minuten später und brachte Würstchen und Kartoffelsalat mit. Keine Ahnung, wo er das so schnell organisiert hatte. Wir unterhielten uns den ganzen Abend, und ich verknallte mich ziemlich schnell in ihn. Gegen Mitternacht wollte ich ihn küssen, doch er schob mich sacht zurück. »Ich würde dich gerne erst einmal kennenlernen.« Ich fand, dass ich ihn zum Küssen gut genug kannte. Doch damit wartete er lieber noch zwei Tage. Ab dann waren wir ein Paar, von außen sogar ein ganz normales, denn in dieser Zeit nach meinem ersten psychosomatischen Klinikaufenthalt und dem Umzug nach Bayern lebte ich, wie gesagt, nahezu symptomfrei – zumindest eine Zeit lang.

Wir fuhren nach München, trafen Freunde, waren beim Skifahren und Tanzen. Andi war ein sehr bodenständiger Typ und als Handwerker ein Ass. Es gab nichts, was er nicht reparieren konnte, und in seiner Freizeit schraubte er am liebsten mit Kumpels an Autos herum. Er war ein begnadeter Allround-Handwerker und ich war fasziniert davon, was er mit seinen Händen und seinem Ideenreichtum bewerkstelligen konnte. So einen Freund hatte ich noch nie gehabt, meine Männer waren Immobilienmakler gewesen, Investmentbanker oder IT-Spezialist wie Carlos. Zu ihm hatte ich keinen Kontakt mehr, seit ich Berlin verlassen und zwölf Wochen lang in einer Klinik am Starnberger See Ursachenforschung betrieben hatte, warum die Angst mich immer wieder packte. Ich lernte viel über mich und wurde als geheilt entlassen. Damals glaubte ich noch an meine Rückkehr nach Berlin, irgendwann, wenn ich wieder mehr Boden unter den Füßen hätte. Denn zurück in der Kleinstadt meiner Kindheit vermisste ich Berlin, besonders kulturell. Aber ich spürte auch, dass es noch zu früh war. Ich musste erst stabiler werden, was vor allem bedeutete, mir selbst mehr zuzutrauen.

Wer es einmal erlebt hat, dass ihm sein Körper nicht mehr gehorcht, plötzlich Dinge tut, die er nicht steuern kann, fühlt sich immer ein bisschen wie auf einem Pulverfass. Jederzeit kann es wieder passieren. Als ich Andi kennenlernte, war es zwar lange nicht mehr passiert, beziehungsweise nur ein bisschen, wenn mich mal die Unruhe packte, aber so selbstbewusst, wie ich früher gewesen war, war ich noch lange nicht. Das zeigte sich auch in meinem Job. Die Tätigkeit als Sachbearbeiterin langweilte mich. Doch andererseits stresste sie mich auch nicht. Und in der Klinik hatte ich gelernt, dass ich Stress ausweichen sollte. Mein Nervenkostüm sei noch zu dünn, hatte einmal jemand zu mir gesagt, und seither stellte ich mir das immer wie ein zitronengelbes Seidenkleidchen vor. Ich brauchte aber Lederklamotten, extradick. An denen nähte ich noch. Mit vielen Reißverschlüssen, damit ich meine Sensibilität nicht verlor.

Es wäre auch gar nicht so einfach gewesen, in der Kleinstadt einen Job zu finden, der es mit dem aufnehmen konnte, den ich in Berlin zurückgelassen hatte. In München hätte ich einen solchen Job eher gefunden, doch für die 60 Kilometer Distanz fühlte ich mich noch nicht fit genug.

Seltsamerweise flammten meine Symptome in der Zeit mit Andi wieder auf. Die erste Panikattacke hatte ich auf dem Weg zu seinen Eltern, sie wohnten in München, Andi wollte mich ihnen vorstellen. Die nächste bei einem Campingwochenende am Chiemsee. Da war Andi dann schon mit der Tüte vertraut. Eine Therapeutin in Berlin hatte mir seinerzeit den Tipp gegeben, das Haus nur mit einer Tüte in der Tasche zu verlassen. Meine Lebensversicherung sozusagen. Weil ich bei einem Panikanfall nicht genug Luft bekam und die Enge sich wie ein eiserner Ring um meinen Brustkorb legte, musste ich nach Luft schnappen. Die Muskulatur im Brustkorb verspannte sich und alles war wie blockiert. Ich hechelte wie ein Hund kurz vor dem Hitzschlag. Die Tüte konnte mich vor dem Erstickungstod bewahren.

Als ich das erste Mal eine Rolle Frühstücksbeutel kaufte, hatte ich das Gefühl, an der Kasse wüssten alle Bescheid. Diese Anschaffung kam mir vor wie eine Kapitulation. So wie andere Frauen meines Alters Kondome und Kaugummi in ihren Handtaschen spazieren trugen, um sich sicher zu fühlen, benötigte ich eine Plastiktüte, um meine Schnappatmung zu regulieren. Dutzende solcher Tüten haben mich vor dem Ersticken bewahrt. Ich atmete dreimal in die Tüte aus und ein, also verbrauchten, keinen reinen Sauerstoff, und das brachte mich zurück in meinen Rhythmus.

Bei meinem ersten Panikanfall in Andis Gegenwart japste ich »Tüte, Tüte!«. Andi raste in die Küche, wühlte unter der Spüle herum und kam dann mit einer Alditüte zurück. Hektisch versuchte er, sie so klein zu falten, dass sie mir nutzen würde. »Schnell«, hechelte ich, kurz vor der Ohnmacht. Andis Gesicht war rot angelaufen, so sehr strengte er sich an. Da überkam mich ein gewaltiger Lachanfall, der die Panik in kleine Stücke zerhackte. Ich atmete normal und ächzte nun vor Seitenstechen. Verblüfft starrte Andi mich an. Leider half mir die Lachtherapie nur dieses eine Mal.

Andi nahm mich, wie ich war. Er ließ mich auch mit Panik nicht im Stich und suchte auf seine Art nach Lösungen. Er kam damit klar, dass ich nach einigen Monaten Beziehung nicht mehr mit ihm ausgehen konnte. Dann traf er sich eben mit seinen Kumpels. Er sprach davon, ein Haus zu kaufen, damit ich es, wenn ich schon nicht rauskonnte, wenigstens drinnen schön gemütlich hätte. Im Nachhinein glaube ich, Andi machte es mir manchmal zu leicht. Trotzdem häuften sich die Panikattacken – zu meiner großen Verzweiflung. Ich hatte keine Ahnung, woran es lag. Alles war doch so schön, ich führte eine harmonische Beziehung, die äußeren Umstände passten. Was war es nun? Welcher Teufel in meinem Inneren zerstörte mir mein Glück? Du darfst die Panik nicht als Teufel bezeichnen, maßregelte ich mich. So hatte ich es in der Therapie gelernt. Ich sollte meine Ängste annehmen, nicht bekämpfen. Doch wie sollte ich einen Angreifer annehmen, der damit drohte, mein Leben zu zerstören? Was ihm in mancher Beziehung ja bereits gelungen war.

Eines Tages schaffte ich meinen Job als Sachbearbeiterin nicht mehr und hatte nur noch einen einzigen Wunsch: Ich wollte in die Klinik. Die Zeit, bis endlich ein Platz frei war, verstrich quälend langsam. Andi unterstützte mich auch hier vorbehaltlos, obwohl ihm die lange Trennung nicht leichtfiel. Er besuchte mich jedes Wochenende, schrieb mir aufmunternde Briefe und zeigte mir stets, dass er zu mir hielt.

An einem Samstag, ich war schon zwei Monate von zu Hause weg, rannte er freudestrahlend den langen Korridor entlang auf mich zu: »Tanja! Ich habe unser Traumhaus gefunden! Ich will es kaufen. Aber nur, wenn es dir gefällt. Es hat zwei Garagen, einen Hobbykeller und ich kann ein Holzhaus aufs Grundstück stellen. Die Aussicht ist der Hammer, es ist hell und groß, du wirst begeistert sein. Wir können es gleich anschauen. Wir müssen schnell deinen Arzt fragen, ob du mitkannst. Du musst mit!« Seine Augen leuchteten. Wie er sich freute. Und es war entsetzlich, dass mich seine Begeisterung lähmte, dass sie mir Angst machte. Ich wollte, wollte, wollte mit. Ich wollte das Haus ansehen. Gleichzeitig konnte ich mir nicht vorstellen, die schützenden Mauern der Klinik zu verlassen. Andi spürte meinen Zwiespalt. »Ich muss am Montag zusagen. Ich kann das nicht tun, wenn ich deine Zustimmung nicht habe.«

»Ja, ich will«, sagte ich und kam mir vor wie in der Kirche beim finalen Jawort. Wir suchten den diensthabenden Arzt, und ich bekam die Erlaubnis, die Klinik für vier Stunden zu verlassen. Eine Mitpatientin, Carla, mit der ich mich angefreundet hatte, begleitete uns. Das war Andi zuerst nicht recht, doch als er merkte, dass sie mir Sicherheit gab, war er einverstanden. Bevor es losging, bat ich eine Schwester um eine Beruhigungstablette. Ich wollte nicht schon auf der Fahrt eine Panikattacke bekommen. Ich wollte mich freuen. Andi hatte ein Haus für uns gefunden. Er zeigte mir, wo wir unsere gemeinsame Zukunft verbringen könnten. Er machte alles von meiner Zustimmung abhängig. Ich sollte mich glücklich schätzen, einen solchen Freund zu haben.

Mit seinem unvergleichlichen Charme hatte er den Hausbesitzer überredet, ihm den Schlüssel zu überlassen. »Meine Verlobte kann das Haus nicht in Ruhe anschauen, wenn Sie dabei sind. So was stresst sie.« »Verlobte« hatte er gesagt. Ich freute mich darüber, gleichzeitig bedrängte mich diese Bezeichnung. Ich hätte sie gern abgestreift, wie ein Kettenhemd empfand ich sie – was dachte ich denn schon wieder dauernd für komisches Zeug? Darüber muss ich in der Therapie am Montag sprechen, nahm ich mir vor. Ich will nicht mehr an die Therapie denken, dachte ich, ich will jetzt einfach mit Andi zu dem Haus fahren.

Andi drückte meine Hand. »Alles okay?«, fragte er.

»Ja«, log ich.

»Bei dir da hinten auch?«, fragte er Carla im Wagenfond. Sie war manisch-depressiv, zurzeit aber medikamentös gut eingestellt und recht ausgeglichen.

»Ach, so was würde ich mir auch mal wünschen«,

meinte sie. »Ein Prinz holt mich ab, um ein Schloss zu besichtigen.«

»Kann ja noch werden«, meinte Andi.

Und dann unterhielten sich die beiden angeregt. Ich war froh darüber, weil ich mich so mehr auf mich konzentrieren konnte und auf meinen Atem, auf das Kontrollieren der Symptome, die schon wieder heftig anbrandeten, trotz der Tablette. Gleichzeitig merkte ich natürlich, wie mich die Angst von Andi entfernte. Ich liebte ihn sehr und umso schlimmer war es für mich, dass ich nicht wirklich bei ihm sein konnte.

Als wir ankamen, dämmerte es bereits. Wie ein großer Kasten stand das Haus vor uns. Wie ein Gefängnis, kam mir in den Sinn. Ich stieg aus dem Auto, fix und fertig von der anstrengenden Fahrt. Am ganzen Körper zitternd sank ich auf der Straße zu Boden. Nach Luft japsend bat ich um einen Krankenwagen.

Andi rannte ins Haus, kam mit einem Stück Vorhang zurück, den er irgendwo abgerissen hatte, um mich zuzudecken. Ich schlotterte entsetzlich, bekam keine Luft mehr. Carla hielt meine Hände. Andi fragte mich: »Soll ich wirklich den Notarzt rufen?«

»Nein, den brauchen wir nicht«, schaltete Carla sich ein. »Gleich geht es wieder, Tanja.«

Ich atmete in die Tüte und dann ging es wirklich wieder. Rechts und links gestützt wie eine schwerkranke Greisin ging ich auf das Haus zu. Andi hatte recht, es war wunderschön, wie ich nun wahrnahm. Aber eigentlich interessierte mich das gar nicht. Ich wollte zurück in die Klinik. In Sicherheit. Ich schaffte es nicht, eine Verbindung von dem Haus zu meiner Zukunft zu sehen.

Der Garten war groß. »Du kannst draußen sein, ohne deinen sicheren Bereich verlassen zu müssen«, meinte Andi.

Ich nickte.

Rechts und links gab es keine unmittelbaren Nachbarn. »Hier kann man auch mal laut sein«, sagte er.

Ich nickte.

Durch die Eingangstür ging ich allein, sie war zu schmal. Ich dachte, dass Andi sie bestimmt verbreitern könnte, wenn ich eines Tages nicht mal mehr laufen könnte und auf einen Rollstuhl angewiesen wäre. Mit dem ockerfarbenen Vorhang um die Schultern schaute ich mich in den Räumen um. Es war wunderschön hier. Nachdem ich das Erdgeschoss besichtigt hatte, wurde ich mutiger. Fast schon neugierig besichtigte ich das obere Stockwerk.

»Da ist genug Platz für mehrere Kinderzimmer«, grinste Andi, dann besann er sich: »Also, theoretisch.«

Als die Führung beendet war, wollte ich im Garten sitzen, weil mich der am meisten anzog. Ich würde draußen sein können, ohne meine schützende Umgebung zu verlassen. Ein eigener Garten! Was für ein Traum! Wenn ich heute daran zurückdenke, kann ich mir das kaum noch vorstellen, doch damals interessierte mich wirklich nur meine Sicherheit. Ich fragte nicht nach Einkaufsmöglichkeiten oder anderen Dingen. Ich war ans Haus gebunden und weil es diesen schönen Garten gab, der meine Fessel lockern würde, sagte ich zu Andi: »Kauf es!«

Er hatte Geld von seiner Oma geerbt und konnte das Haus sofort bezahlen. Alle rieten ihm ab. So was machte man nicht, das war steuerlich gesehen Blödsinn. Doch Andi wollte keine Schulden haben. So war er. Und es blieb immer noch genug Geld übrig, um nach meiner Entlassung shoppen zu gehen und einige Möbel anzuschaffen. Das klappte mal mehr, mal weniger gut. Andi verlor nie die Geduld mit mir und wenn ich im Auto sagte, »Ich kann nicht«, drehte er um und brachte mich zurück. Niemals machte er mir einen Vorwurf. Er nahm meine Panikattacken einfach hin. Er wollte aber auch nicht viel darüber sprechen. Er dachte immer praktisch und erwog beispielsweise die Installation einer Notklingel in der Dusche. Das rührte mich einerseits sehr, andererseits kam ich mir immer mehr wie eine Rentnerin vor, die in einer Anlage für betreutes Wohnen Unterschlupf sucht. Und das mit Anfang 30.

Als wir alles eingerichtet hatten, war der Sommer ins Land gezogen. Abends saßen wir lang auf der Terrasse, hörten den Grillen zu, und ich zeigte Andi, was ich tagsüber alles im Garten geschafft hatte. Andi verlangte nichts von mir. So wie es war, war es gut für ihn. Er kam von der Arbeit nach Hause, die Frau war da, hatte oft gekocht. Nach dem Essen werkelte er noch ein bisschen in seiner Hobbywerkstatt, dann schaute er gern die Nachrichten an und ging danach vielleicht noch mal zum Basteln, oder wir saßen im Garten, spielten Federball, unterhielten uns oder guckten bei schlechtem Wetter einen Film. Auch ich fühlte mich geborgen und wohl. Wenn da doch nur nicht manchmal diese aufmüpfigen Gedanken gewesen wären, die mich anstachelten, dass das doch nicht das Leben wäre, das ich führen wollte. Aber ich konnte ja kein anderes leben. Ich sollte mit dem zufrieden sein, was ich hatte, und ich fand einerseits, dass ich verdammt viel Glück gehabt hatte, doch andererseits fand ich das überhaupt nicht. Andi sagte: »Wenn wir mal Kinder haben, dann sind wir doch ein Superteam. Ich kümmere mich um die Aktivitäten außer Haus und du bespaßt sie daheim. Da brauchst du auch keine Angst haben, weil du immer im sicheren Bereich bleiben kannst, und ich bin ja gern unterwegs.«

Mit massiver Gewalt kehrten die Panikattacken im Herbst zurück und auf Anraten meiner Ärzte stimmte ich einer Rehamaßnahme zu, was bedeutete, dass ich mit Menschen, die ich mir nicht ausgesucht hatte, in einer Wohngruppe lebte. Mein Zustand verschlechterte sich. Wochenlang konnte ich das Einrichtungsgelände nicht verlassen, später nur mit Expositionstraining, mit dessen Hilfe ich meine Bewegungsfreiheit ausbaute. Nach acht Monaten Reha trennte ich mich von Andi, der mich stets treu besucht hatte. Seine Hoffnung, dass ich bald wieder zu Hause wäre, setzte mich zu sehr unter Druck, auch wenn er sie nicht aussprach. Noch viel wichtiger war es mir aber, diesen so überaus liebevollen Menschen nicht an eine wie mich zu binden. Er sollte frei sein für eine Frau, die ihn verdient hatte. Das Gefühl, anderen zur Last zu fallen, war ohnehin immer das Schlimmste für mich gewesen, die ich so viel Wert auf Unabhängigkeit gelegt hatte, als ich mir das noch leisten konnte.

An diesen Aufenthalt schloss sich eine einjährige ambulante Reha an, in der ich außerhalb der Einrichtung wohnte und diverse Praktika machte. Nach der Reha erhielt ich einen Platz im Programm des Einzelbetreuten Wohnens, was bedeutete, ich wohnte nun endlich wieder allein in einer Wohnung. Doch nach der langen Zeit in der Gruppe hatte ich Startschwierigkeiten und konnte mich nicht allein versorgen – was mich immer mehr deprimierte. Wenn man eine Krankheit hat, alles beherzigt, was einem die Ärzte raten, den Ehrgeiz entwickelt, die beste aller Patientinnen zu sein, und dann von Rückschlag zu Rückschlag taumelt, ja, sich selbst ständig boykottiert und trotz zahlreicher Therapien keine Ahnung hat, warum, tja dann … war das Leben manchmal eine Qual. Hin und wieder wünschte ich mir, es möge endlich vorbei sein.

# 10

Einige der Männer, die ich über die Partnerschaftsbörse im Internet kennengelernt hatte, klangen recht interessant am Telefon und ich wollte sie gern treffen. Aber wo? War es nicht gefährlich, sie zu mir in die Wohnung einzuladen? Andererseits war das der einzige Ort, an dem ich ihnen wirklich frei begegnen konnte. Lang beratschlagte ich mich mit meiner Freundin Claudia. Sie riet mir zu einem Treffen in einer Kneipe. Mir fiel das Restaurant gegenüber der Rehaeinrichtung ein, in der ich ein Jahr meines Lebens zugebracht hatte. Dort kannte ich mich gut aus und bei einem Notfall bekäme ich Hilfe in greifbarer Nähe auf der anderen Straßenseite. Also verabredete ich mich dort mit den Interessenten.

Leider war ich meist so angespannt, dass ich kaum sprechen konnte. Egal, wie viel Mühe ich mir im Vorfeld gegeben hatte mit Make-up und Klamotten. Egal, wie konzentriert ich mich darauf vorbereitet hatte, einfach nur normal zu sein und etwas Normales zu tun. Ich war nicht mehr normal. Ich konnte nicht einfach im Café sitzen, denn es ging dabei nicht um Kaffee oder Tee, es war ein Kampf – und das sollte mir bitte niemand ansehen. So lächelte und nickte ich, meine Lippen zitterten, schon spürte ich das nervöse Pulsieren unter dem linken Augenlid. Ging es gleich los? Ich hörte nicht, was meine Gesprächspartner sagten, musste mich 100-prozentig darauf konzentrieren, sitzen zu bleiben, die Angst irgendwie in Schach zu halten. Bitte lass mich in Ruhe! Bitte bleib weg! Denn wenn es losgehen würde, dann wüssten alle, dass ich eben nicht normal war. Ich würde aufspringen, womöglich den Stuhl umstoßen, ich würde mit aufgerissenen Augen und nach Luft ringend zum Ausgang taumeln, womöglich röchelnd zu Boden stürzen. Alle würden mich anstarren. Alle würden wissen: Die gehört nicht zu uns. Die ist anders. Die ist komisch. Die ist verrückt.

Ich beschloss, dass es sicherer für mich war, die Treffen in meine Wohnung zu verlegen. Drei oder vier Männer lud ich in der Folge zu mir ein. Zwei von ihnen wollten für mich kochen und kamen mit Tüten voller Lebensmittel an. Ich war sehr gerührt, doch irgendwann waren mir diese Fremden in meiner Wohnung zu viel und ich verschanzte mich mit einer Panikattacke im Bad und rief »Ja«, wenn einer wissen wollte, ob ich gern scharf aß, und »Nein«, ich litt an keiner Laktoseunverträglichkeit.

Dieses Experiment zeigte mir deutlich, dass ich lieber doch noch wartete, ehe ich meinen Freundeskreis erweiterte oder gar an eine Beziehung dachte.

»Man merkt dir gar nichts an, du wirkst total normal«, das hörte ich oft, wenn ich erklärte, was mit mir los war. Und fast alle wollten wissen, woran es denn lag, was der Grund für meine Angststörung war. Ja, das hätte ich selbst auch gern mal gewusst nach mittlerweile sieben Jahren Therapie. Natürlich hatte ich einige Dinge ausgegraben, die in meiner Kindheit nicht optimal gelaufen waren. Aber andere hatten eine vergleichbare Kindheit erlebt und litten nicht an Panikattacken. Natürlich war die Beziehung zu Carlos im Nachhinein betrachtet nicht so gut gewesen, wie ich es mir gewünscht hatte. Aber damit war ich auch kein Einzelfall. Viele Frauen beschönigten und verteidigten Beziehungen, die ihnen nicht guttaten. Ja, ich hätte öfter mal Grenzen setzen sollen und es wäre gut gewesen, unabhängiger von der Meinung anderer zu sein. Aber auch damit befand ich mich in bester Gesellschaft vieler Menschen, die alle eben nicht an Panikattacken litten. War es also die Summe aus allem? Lag es an meiner Geburtsstunde in einer bestimmten Sternenkonstellation oder doch eher an meinen Vorleben? Stimmte etwas mit meinem Stoffwechsel nicht oder war ich von einem Fluch besessen? Oder einfach zu sensibel für diese Welt? Oder stammte ich gar von einem anderen Planeten und kam deshalb nicht zurecht?

Immer wieder wurden mir neue Deutungen präsentiert, manche klangen schlüssig, andere brachten mich zum Lachen, aber es gibt ja Leute, die glauben an so was. Und nein, ich kann mich nicht daran erinnern, von einem Ufo entführt worden zu sein. Alles, was ich sicher wusste, war, dass ich meinen Lebensweg verlassen hatte. Und dass die Angst vielleicht versuchte, mich dorthin zurückzuführen. Oder es versucht hatte, denn in letzter Zeit kam es mir zuweilen so vor, als wäre sie mit mir durchgebrannt, als hätte sie ihren Dienst als Retterin quittiert und würde sich nun als Untergrundkämpferin selbstständig machen.

Ich bin ein ziemlich neugieriger Mensch und ich gehe Dingen gern auf den Grund. So habe ich in vielen Gesprächen mit anderen psychisch Kranken herauszufinden versucht, warum wir so sind, wie wir sind. Die einzige Prädisposition, die ich in all der Zeit bei »Psychos« festgestellt habe, ist eine hohe Sensibilität und Empathie.

Häufig zeichnen sie sich zudem durch Kreativität aus. Eigenschaften, die unsere Gesellschaft braucht, wie ich meine. Sensibilität ist kein Manko, sondern eine Gabe. Leider wird sie landläufig gleichgesetzt mit Schwäche. Aber Feinfühligkeit ist eine Eigenschaft, die diese Menschen zu wertvollen Begleitern für andere macht.

# 11

Stephanies Wunjo-Projekt, die Ausbildung für Therapiehundeteams, bekam eine Anfrage von einem bekannten Verein, der sich für Straßenhunde aus Südeuropa engagierte. Gut ausgebildete Mensch-Hund-Teams sollten in Kindergärten, -hospizen, -krankenhäusern und ähnlichen Einrichtungen die kleinen Patienten besuchen. Da die Schirmherrin dieses Vereins in der Öffentlichkeit ziemlich bekannt war, musste auch mit Medieninteresse gerechnet werden. Stephanies Konzept fand die Zustimmung des Vereins. Sie freute sich sehr darüber, doch das bedeutete natürlich eine Menge Arbeit. Ich bot ihr an, mich verstärkt einzubringen, denn ich fühlte mich, obwohl ich derzeit, wie mit dem Psychiater besprochen, meine Medikamente ausschlich, fit dafür.

»Ich könnte zum Beispiel Termine koordinieren und die Seminarunterlagen zusammenstellen.«

»Das wäre eine große Hilfe«, sagte Stephanie.

»Ich kann auch noch mehr übernehmen, vorausgesetzt, es ist von zu Hause aus möglich.«

Mein Ziel war es, die besten Seminarunterlagen zu erstellen, die Oberbayern jemals gesehen hatte. In meiner Berliner Eventagentur hatte ich so etwas oft gemacht. Während ich dort auch die Texte geschrieben hatte, bereitete ich sie dieses Mal nur auf. Die Arbeit ging mir leicht von der Hand, ich hatte viele Ideen für die Veranstaltung.

Eines Tages zwischen Abwasch und Einkaufen dachte ich mir: Es kann ja wohl nicht sein, dass du das Seminar vorbereitest, selbst aber nicht anwesend bist. Es gehört sich, dass diejenigen, die so etwas planen, bei der Veranstaltung mit dabei sind. In Berlin hatte mir das immer große Freude bereitet, endlich auch mal die Leute kennenzulernen, mit denen ich im Vorfeld stundenlang telefoniert hatte, um alles perfekt zu organisieren. Aber um dabei zu sein, müsste ich 40 Kilometer Auto fahren. Das war eigentlich mehr, als ich mir zutraute. Im Grunde genommen war es nicht möglich. Ich hatte Angst, mich zu überfordern. Dabei lebte ich doch ohnehin schon so in Watte gepackt. In der Angst, über meine Grenzen zu gehen und mich damit noch tiefer in die Panik hineinzureiten, konnte ich vielleicht manchmal gar nicht mehr sehen, wo die Grenze wirklich verlief? Und was war, wenn hinter der Grenze so eine tolle Belohnung lockte? An einem Seminar teilnehmen, das ich mitorganisiert hatte. Neue Leute kennenlernen. Thema Hunde! Und vielleicht würden sich für mich ganz neue Perspektiven auftun?

Oder auch nicht, dachte ich. Vielleicht bekommst du die Panikattacke deines Lebens, krümmst dich auf dem Parkett, und wildfremde Leute schauen dir dabei zu, wie du dir in die Hose pinkelst.

… Aber ich war ja nicht allein. Wunjo würde da sein. Und Stephanie. Und andere liebe Menschen mit ihren Hunden, die ich in den letzten Wochen hatte kennenlernen dürfen.

Stephanie holte mich ab. Ich war fürchterlich aufgeregt und suchte in letzter Minute noch nach einem Verlängerungskabel. Eine der Dozentinnen fuhr mit uns im VW-

Bus. Das stresste mich, denn sie wusste ja nichts von meinen Panikattacken und würde womöglich erschrecken, wenn ich mich plötzlich so seltsam gebärdete. Ob ich sie vorbereiten sollte? Während ich noch darüber nachdachte, ging es schon los und ich musste Stephanie bitten, kurz anzuhalten. In ihrer bewundernswerten Gelassenheit fuhr sie an die Seite, obwohl wir verdammt spät dran waren. Ich stieg kurz aus und holte mir dann bei Wunjo Kraft. Stephanie sagte in entspanntem Plauderton zu der Frau, die mich besorgt musterte: »Tanja braucht nur eine kurze Pause. Sie hat eine Panikattacke. Gleich ist es vorbei und wir können weiterfahren.«

»Kenn ich, hatte ich auch mal«, sagte die Dozentin, »scheußliche Sache.«

Und dann fuhren wir weiter, als hätte ich einen Niesanfall gehabt. Je näher wir dem Ziel kamen, desto mehr stieg meine erwartungsvolle Aufregung. Hin und wieder flammte die Panik auf, doch die Freude war gewaltig und drängte sie zurück. Zum ersten Mal seit so vielen Jahren war ich wieder auf einem Seminar, das ich mitorganisiert hatte.

Stephanie steuerte den Parkplatz des Veranstaltungsortes an, wo sich schon zahlreiche Menschen und Hunde versammelt hatten, es war ein einziges Gewusel und Begrüßen. Da rutschte mir das Herz dann doch in die Hose. Ich raunte Stephanie zu, dass ich mich um die Technik im Vortragssaal kümmern würde, und zog mich zurück. Eine Frau, die in diesem Haus arbeitete, begrüßte mich herzlich, ach, sie war es, mit der ich so oft telefoniert hatte. Sie zeigte mir die Steckdosen und technische Ausstattung und ließ mich werkeln.

Die Zeit verging wie im Flug, schon strömten die Teilnehmer in den Saal. Stephanie bat mich, den Versammelten den organisatorischen Ablauf zu erklären, da ich ihn ja auch geplant hatte. Also, wo es etwas zu trinken gab, wo sich die Toiletten befanden, wann Pausen geplant waren und so weiter. Ich stellte mich auf die Bühne, seltsamerweise war ich in diesem Augenblick nicht aufgeregt, und sagte nach der Begrüßung der Teilnehmer: »Ich bin Tanja und ich leide an Panikattacken. Ich sage das, weil ich selbst eine Betroffene bin und Erfahrungen mit tiergestützter Therapie gesammelt habe. Durch Wunjo und Stephanie bin ich auf dem Weg der Besserung und konnte diese Veranstaltung mitorganisieren.« Und dann widmete ich mich den Toiletten und Pausen.

Dass ich mich geoutet hatte, erleichterte mich. Nun wussten alle Bescheid, und wenn ich einen Fehler machte, würden sie mir diesen nachsehen. Glaubte ich. Aber mein Outing erwies sich als Eigentor. Mehrere Teilnehmer sagten mir, dass sie das nicht gut gefunden hätten, und fragten, was das mit der Organisation zu tun hätte, oder wiesen mich darauf hin, dass ich mich kleiner gemacht hatte, als ich war. Das gab mir sehr zu denken. Nur zwei Teilnehmerinnen fanden meine Ansage gut, aber beide hatten ebenfalls psychische Probleme. Ich bin noch lange nicht richtig gesund, erkannte ich in diesem Moment. Wenn ich einmal gesund bin, habe ich kein Bedürfnis mehr, andere um Milde zu bitten, da käme ich nicht mal auf die Idee. Und es wäre auch jetzt nicht nötig gewesen, denn ich bewies, dass ich ein Ass im Organisieren bin. Eine Dozentin sagte fünf Stunden vor ihrem Vortrag aus familiären Gründen ab, und ich schaffte es, eine Vertretung für sie zu gewinnen und auch noch deren Anfahrt zu organisieren. Beim Mittagessen war ich erschöpft und froh, weil alles so gut geklappt hatte. Ich sagte mir immer wieder vor: Ich habe es bis hierhin geschafft, ich werde es auch weiter schaffen. Und der halbe Tag war ja schon rum, ohne Panikattacke, wenn man von dem Vorfall im Auto absah.

Während der Nachmittagspause sprach mich die prominente Schirmherrin des Vereins an. »Hast du auch einen Hund?«, fragte sie mich.

»Nein.«

»Warum nicht?«

»Weil ich nicht mal für mich selbst richtig gut sorgen kann«, entgegnete ich ihr offen. Ich mochte sie. Sie hatte warme Augen und was sie auf die Beine gestellt hatte mit ihrem Verein, beeindruckte mich.

»Willst du einen?«, fragte sie direkt.

Ich starrte sie an, als hätte sie mich gefragt, ob ich Lust hätte, jetzt gleich mit ihr nach Hongkong zu fliegen. Dann schüttelte ich den Kopf.

»Aber das wäre gut für dich«, insistierte sie.

»Nein, das wäre nicht gut für mich, weil ich ständig scheitern würde. Und vor allem wäre es nicht gut für den Hund. Kranke Leute wie ich sollten keine Hunde haben.«

»Wer sagt das?«

»Ich.«

»Machst du dich damit nicht kränker, als du bist?«

Wieso redete die Frau so mit mir? Sie kannte mich doch gar nicht. Aber sie wirkte nicht angriffslustig, sondern sehr freundlich. Und so ganz unrecht hatte sie ja nicht. Natürlich wünschte ich mir einen Hund. Von ganzem Herzen wünschte ich mir einen Hund. Aber ich verbot mir diesen

Wunsch, weil er so wehtat. Ich wünschte mir noch viele andere Sachen, die genauso unerfüllbar schienen. Dass ich nie wieder Panik hätte, eine Beziehung, einen Job …

»Ich glaube«, sagte sie, »du könntest einem Hund viel geben.«

»Ja, das mag schon sein, danke«, begann ich und fuhr gleich mit einem Aber fort: »Aber neulich erst habe ich Stephanie zu einer Frau begleitet, die MS hatte. Ihr Hund hat sein Geschäft jahrelang in einem Katzenklo erledigt, der war fast nie draußen. Nein, nein, so was kommt nicht für mich infrage.«

»Schade«, sagte sie.

»Ein Hund würde mich viel zu sehr unter Druck setzen«, führte ich aus, weil ich meine Position noch besser erklären wollte.

»Und er würde dich motivieren«, sagte sie.

»Nein, nein. Die Verantwortung wäre mir zu groß. Aber vielen Dank für das Angebot.«

In diesem Augenblick schoss etwas Braunes, Wadenhohes um die Ecke, rannte direkt auf mich zu, setzte sich vor meine Füße und schaute mich herausfordernd und neugierig zugleich an.

»Das ist Gonzo«, sagte die Schirmherrin. »Er wurde von einer Tötungsstation auf Zypern gerettet, und er braucht dringend ein neues Zuhause.«

## 12

Gonzo war mit seiner Pflegemutter zu dem Seminar gekommen. Angelika hatte zwei eigene Hunde und nahm hin und wieder einen Vierbeiner in Pflege, bis er vermittelt wurde. Ich bewunderte Menschen wie sie, die das schafften, denn es entsteht doch eine Bindung zu dem Tier – und dann muss man es weggeben. Ich hatte auch schon einmal mit dem Gedanken gespielt, mich als Hunde-Pflegemutter zur Verfügung zu stellen, irgendwann, wenn ich gesund wäre. Aber die Vorstellung des Abschieds schreckte mich ab. Zum Schluss hätte ich ein Dutzend Hunde, weil ich mich von keinem trennen könnte.

»Kennst du die Geschichte von den Seesternen?«, fragte mich Stella, die mit Angelika zu uns getreten war. Auch sie nahm gelegentlich Pflegehunde bei sich auf.

»Nein.«

»Bei Ebbe spaziert ein Mann am Meer entlang«, erzählte Stella, »bückt sich alle paar Meter und wirft gestrandete Seesterne zurück ins Wasser. Ein anderer Mann beobachtet ihn eine Weile und fragt dann, wozu er das mache. Der erste Mann erklärt, dass Seesterne ohne Wasser vertrocknen würden. Der zweite Mann schüttelt den Kopf: ›Aber das ist doch aussichtslos! Hier am Strand liegen Tausende! Wie wollen Sie denen allen helfen?‹ Und wieder hebt der erste Mann einen Seestern auf und wirft ihn ins Wasser: ›Diesem einen hier, sagt er dann bedächtig, konnte ich helfen. Und diesem hier, abermals bückt er sich, auch.‹«

»Das ist eine sehr schöne Geschichte«, bestätigte ich.

Stella nickte. »Mir gibt sie immer Kraft, wenn ich ins Wanken gerate. Ich glaube, dass einem soziales Engagement, egal, ob für Menschen oder Tiere, zwar viel abverlangt, man aber auch reichlich zurückbekommt. Man kann es sich natürlich auch einfach machen und wegschauen. Den Kanal wechseln, wenn im Fernsehen mal wieder über Massentierhaltung berichtet wird, wenn Bilder von Kindern in Kriegsgebieten gezeigt werden. Aber man kann auch hinschauen und etwas tun.«

»Ja«, nickte ich ein wenig eingeschüchtert. Es gefiel mir, was Stella sagte, doch neben ihr fühlte ich mich untätig, denn ich konnte ja nicht mal mir selbst helfen, wie sollte ich da anderen helfen?

»Was ich damit sagen will«, fuhr sie fort, »ist, dass du es einfach mal versuchen solltest.«

»Seesterne retten?«, fragte ich, obwohl ich genau wusste, was sie meinte.

»Einen einzigen«, lächelte sie. »Das Herz auf vier Beinen.«

War denn hier eine Verschwörung im Gange? Die Erwartungen, die plötzlich an mich gestellt wurden, bedrängten mich. Ich merkte, dass eine Panikwelle in mir hochstieg. Im Waschraum versteckte ich mich eine Weile und wurde prompt von Stephanie gefunden. Sie sah gleich, was mit mir los war, thematisierte das jedoch nicht. »Wir haben beschlossen, zu Fuß zum Seniorenheim zu gehen«, teilte sie mir mit. In der nahe liegenden Einrichtung würde Stephanie den Teilnehmern den hundgerechten Umgang mit Rollstuhl und Krücken zeigen, denn viele Hunde haben Angst vor solchen Ungetümen. Am nächsten Tag würden wir ein SOS-Kinderdorf besuchen. Das Seniorenheim war in allerletzter Minute mit in das Programm aufgenommen worden, weil viele Hundeführer sich für die Betreuung alter Menschen interessiert hatten. »Du kannst auch mit Antonia im Auto fahren«, bot Stephanie mir an.

Ich war zwar schon öfter mit Antonia, einer Mitarbeiterin Stephanies, unterwegs gewesen und schätzte sie auch sehr, doch im Moment wollte ich nur eins: allein sein. Deshalb konnte ich mir auch nicht vorstellen, mit der Gruppe zum Heim zu spazieren. »Ich gehe schon vor«, sagte ich.

»Wie du meinst«, erwiderte Stephanie. »Ich muss noch was besorgen und komme dann nach.«

Den Weg kannte ich, ich war ihn während der Vorbereitung einige Male in Begleitung von Stephanie, Wunjo und Alma gegangen. Doch allein unterwegs sah er plötzlich anders aus. Feindlich geradezu – und er dehnte sich ins Unermessliche aus. Das waren keine 15 Minuten mehr, das waren Stunden. Schon kurz hinter dem Haus wurde mir die Luft knapp. Plötzlich konnte ich mich nicht mehr bewegen. So ein Mist! Bisher war es doch so unkompliziert gewesen für mich. Wie viele Schrecknisse hatte ich mir ausgemalt und kein einziges war eingetroffen. Es wäre mir unsäglich peinlich, wenn die anderen mich mit einer Panikattacke ringend hier finden würden. Das durfte nicht passieren. Tränen stiegen mir in die Augen. Meine Beine schienen nicht mehr zu mir zu gehören. Sie wurden schwach und schwächer. Gleich würde ich fallen. Verzweifelt kramte ich nach meiner Tüte. Da klingelte mein Handy.

»Ja?«

Es war Stephanie. »Du, ich stehe mit Gonzo an der Brücke, du weißt schon, bei den Parkbänken. Kannst du ihn mir bitte abnehmen? Mit seiner Hektik macht er Alma ganz verrückt und ich muss dringend noch was einkaufen.«

Ich glaubte ihr kein Wort. Die beste Hundetrainerin und -therapeutin, die mir jemals begegnet war, konnte doch wohl drei Hunde bändigen. Und nein, ich konnte ihr Gonzo nicht abnehmen. Ich hätte jemanden gebraucht, der mir mich selbst abnahm. Aber Stephanie bat mich so selten um einen Gefallen. Und immer war sie für mich da. Ich konnte ihr diese Bitte nicht abschlagen. Die Brücke war drei, vier quälend lange Minuten entfernt. Das konnte ich vielleicht schaffen, wenn ich meinen Atem mit der Tüte beruhigt hatte. Nein, ich musste es schaffen.

Stephanie wartete in der Mitte der Brücke, Gonzo, der fasziniert in die Isar starrte, an der Leine. »Schön, dass du da bist«, sagte sie schlicht, als ich zittrig bei ihr anlangte. Dann drückte sie mir die Leine in die Hand und ging. Jetzt erst merkte ich, dass ich klitschnass geschwitzt war. Aber ich hatte ja meinen Rucksack dabei mit den Wechselklamotten. Im Sommer war das nicht viel Gepäck, im Winter hatte ich oft mehr zu schleppen. Hoffentlich war dies mein letzter Sommer mit Schweißausbrüchen – bis zu den Wechseljahren. Denn im nächsten Sommer wollte ich meine Medikamente ausgeschlichen haben und dann würde ich auch nicht mehr so stark schwitzen. Und besser schlafen. Und mehr Energie haben und und und. Bis jetzt lief der Reduktionsprozess hervorragend. Mein Psychiater war sehr zufrieden mit meinen Fortschritten. Und ich erst! In der Reha hatte ich wahre Horrorgeschichten von Patienten gehört, die den Ausschleichprozess kurz vorm Suizid hatten abbrechen müssen. Wenigstens einmal schien ich Glück zu haben.

Mit dem tänzelnden Gonzo an der Leine suchte ich Deckung in einem Gebüsch und band ihn fest. Während ich mich umzog, erklärte ich ihm, warum ich ihn nicht würde adoptieren können. »Es ist nämlich so, dass ich spinne. Also für die anderen. Und das kann ich einem Hund nicht zumuten. Das Leben an meiner Seite ist nicht schön. Man könnte sagen, es ist ein ziemliches Hundeleben. Verstehst du, was ich meine?«

Gonzo interessierte sich nicht für meine Ausführungen. In Windeseile war er einige Male um den Baum gerast und hing nun bis zur Atemnot gefesselt fest. Entsetzt starrte er mich an. Mit einem Sprung war ich bei ihm und befreite ihn. Da fielen mir die Seesterne ein. Gonzo leckte über meine Hand. Ich war schon wieder ganz zittrig.

»Wir müssen weiter«, sagte ich zu ihm und weil das so schön war, sagte ich es gleich noch mal. Wir. »Wir dürfen nicht zu spät kommen.«

Auf dem Parkplatz vor dem Seniorenheim wuselten schon zahlreiche Hunde und Menschen herum. Gonzo und ich sorgten für Aufsehen. »Ein schönes Paar!«, wurde uns zugerufen. »Ihr passt ja prima zusammen!« In diesem Moment fühlte ich mich kein bisschen bedrängt. Ich hatte auch gar keine Zeit, darüber nachzudenken, denn Gonzo gebärdete sich wie ein Verrückter. So viele Hunde! Jeden einzelnen wollte er begrüßen, egal, wie groß, egal, ob der das guthieß. Und auch die Menschen wollte er beschnuppern, hier und da ein Leckerli abstauben. Dass ein kleiner Hund so heftig an der Leine ziehen konnte! Ich warf einen wehmütigen Blick auf Wunjo, der ruhig neben Stephanie saß. Wunjo zog nie an der Leine! Wunjo folgte immer. Aber Wunjo war auch ausgebildet und acht Jahre alt. Gonzo war vom Tierarzt auf 14 Monate geschätzt worden.

»Wenn du mal acht bist«, sagte ich zu ihm, »machen wir auch einen anderen Eindruck.« Und dann fiel mir auf, was ich da gesagt hatte. Das verwirrte mich, denn ich wollte keinen Hund, definitiv nicht, auch Gonzo nicht. Ich war noch lange nicht in der Lage, einen Hund zu versorgen. Und schon gar nicht so einen wie diesen hier, der keine Manieren hatte, nicht gehorchte, völlig überdreht war und sich ständig in seiner Leine verhedderte. Ich brauchte einen ruhigen, besonnenen Hund, der mich mit seiner souveränen Ausstrahlung in der Balance halten würde, keinen kleinen Derwisch.

Angelika, Gonzos Pflegemutter, fragte mich, ob ich während des Seminars auf Gonzo aufpassen könnte. Nur Hunde, die später auch eingesetzt würden oder über einen ausgeglichenen Charakter verfügten, durften mit ins Seniorenheim. Beides traf nicht auf Gonzo zu.

»Okay«, sagte ich zögernd. »Aber ich habe gleich ein wichtiges Telefonat mit einer Journalistin.«

»Das macht doch nichts«, sagte Angelika und weg war sie. Ich setzte mich in das Foyer des Heimes, wo es auch eine Caféecke gab. Dort hatten sich ein paar Leute vom Fernsehen versammelt. Sie drehten einen Beitrag über die Schirmherrin des Vereins und ihr Engagement für Hunde. Wir kamen ins Gespräch.

»Wieso macht dein Hund nicht mit?«, fragte mich ein Kameramann.

Dein Hund. Ich korrigierte es nicht. »Der ist zu aufgedreht.«

Er lachte. »Ja, das sieht man. Aber bestimmt hast du einen guten Einfluss auf ihn. Du wirkst so ruhig, das tut dem kleinen Kerl bestimmt gut.« Ich starrte ihn an, als würden ihm in Sekundenschnelle grüne Pickel wachsen.

»Äh, alles okay?«, fragte er.

»Bestens«, grinste ich breit.

Während meines Telefonats mit der Journalistin nervte Gonzo in einer Tour. Nicht nur, dass er bellte, er schrie geradezu. Ein Mann mit Kopfhörer fragte mich mit gequältem Gesichtsausdruck, ob ich den Hund leiser drehen könnte. »Wir drehen nebenan und man hört die Töle bis dorthin.«

»Sorry«, sagte ich und »Entschuldigung«, als ich die Journalistin bat, zurückrufen zu können. So viel wie heute hatte ich mich schon lange nicht mehr entschuldigt. Beim zweiten Telefonat mit der Journalistin kläffte Gonzo ohne Unterlass.

»Was ist denn bei Ihnen los?«, fragte die Journalistin.

»Der blanke Wahnsinn«, untertrieb ich. Und der hörte auch nicht auf. Gonzo war außer Rand und Band. Ich wusste nicht, was ich tun sollte. Ich hoffte, wenn er seine Pflegemutter Angelika riechen würde, bekäme er sich wieder in den Griff. Doch leider war das Gegenteil der Fall. Denn Gonzo hatte sich am Vormittag in Jenny verliebt, eine Schäferhunddame. Dass er bequem unter ihrem Bauch durchlaufen konnte, war ihm egal. Jenny war hinter der Tür. Also musste Gonzo da auch hin, und als ein Teilnehmer zur Toilette ging, nutzte er die Chance und wischte durch die Tür. Dann mischte er erst mal das Seminar auf, fetzte durch die Stuhlreihen, blieb im Kabel des Beamers hängen, irgendjemand verhinderte einen Totalschaden. Er wuselte um Jenny herum, die ihn genervt anbellte, fast alle Hunde, auch die allerbravsten gerieten außer Kontrolle. Gonzo war wie ein Zündfunke, der sie zur Explosion brachte.

Bei dem Versuch, ihn einzufangen, stürzte Angelika, Gonzo kehrte kurz um, leckte ihr über das Gesicht und riss ihr dann ihren Haargummi vom Kopf. Daran war eine Rose aus Filz befestigt und nun sah er aus, als wäre er unterwegs zu einem Rendezvous. Da gab es nun auch bei den Menschen kein Halten mehr, Angelika wälzte sich vor Lachen sogar auf dem Boden. Allein Stephanie behielt den Überblick. Ruhig, wenn auch breit grinsend, stand sie sichernd neben dem Beamer, beobachtete alles ganz genau und bat mich, als ich Gonzo endlich eingefangen hatte: »Geht ihr bitte wieder raus?«

Ich schämte mich, weil ich dieses kleinen Rackers nicht Herr wurde. Warum hatten sie mir aber auch den schwersten Fall gegeben. Es waren doch auch andere Hunde da. Ruhigere, freundlichere, erzogene. Gonzo war der schlimmste von allen. Total unangepasst. Dauernd fiel ihm etwas ein, wie er den Betrieb aufhalten konnte.

»Warum bist du so schwierig?«, fragte ich ihn, als ich seine Leine in der Caféecke fest um ein Stuhlbein band. Dann wurde mir bewusst, was ich da gesagt hatte. Ich schob ein »Entschuldigung«, das 100. an diesem Tag, wie mir vorkam, nach und war dann sehr durcheinander. In der Nachmittagspause gelang es Svenja, einer Heilpraktikerin, Gonzo ruhigzustellen, indem sie einen Punkt zwischen seinen Augen massierte. Endlich schlief er ein, alle viere von sich gestreckt, und ich hätte schwören können, er grinste.

Es war schon dunkel, als ich mit Stephanie nach Hause fuhr.

»Und wie war der Tag für dich?«, fragte sie.

»Anstrengend.«

»Du kannst sehr stolz auf das sein, was du heute alles geschafft hast.«

»Das finde ich nicht. Eigentlich habe ich mich nur blamiert.«

»Nein, das hast du nicht.«

»Na ja«, seufzte ich. »Du hast schon recht. Ich habe ziemlich viel geschafft. Vor ein paar Wochen hätte ich mir nicht träumen lassen, einen so langen Tag weg von zu Hause zu sein.«

»Und das Ganze noch als Aufsicht für so einen Höllenhund«, schmunzelte Stephanie.

Da fragte ich sie direkt: »Das war doch Absicht, oder, dass du mir Gonzo auf der Brücke gegeben hast?«

»Nein«, sagte Stephanie. »Also, ja. Es war einfach die praktischste Lösung, weil ich wusste, dass du auf dem Weg bist, und ich die drei nicht im Auto lassen wollte. Alma ist ja gerade in der Pubertät, wie du weißt, und die lässt sich von Gonzo total hochschießen.«

Ich wusste nicht so recht, ob ich ihr glauben sollte. »Und dann noch auf einer Brücke.«

Stephanie lachte. »Du immer mit deinen Symbolen!«

Wir schwiegen eine Weile. Dann fragte ich sie: »Braucht Gonzo wirklich so dringend einen Platz?«

»Soweit ich weiß, ja. Sie haben im Verein noch einige andere dringende Fälle und Angelika kann ihn nur noch maximal zwei Wochen behalten. Dann fängt sie einen neuen Job an. Bis dahin sollte schon jemand gefunden werden.«

»Das wird bestimmt nicht leicht«, dachte ich laut.

Fragend schaute Stephanie mich an.

»Na, das ist doch eine extreme Herausforderung. Mit dem kommt man keine Sekunde zur Ruhe. Ich bin fix und fertig.«

»Der kleine Kerl ist eben aufgeregt«, übersetzte sie mir sein Verhalten. »Solche Situationen, wie er sie heute erlebt hat, kennt er noch nicht. Sein Benehmen sagt nichts über seinen Charakter aus. Er war eben gestresst.«

»Du meinst, man weiß gar nicht, wer in ihm steckt?«

»Das werden wir schon noch herausfinden.«

Wieder schwiegen wir eine Weile, und ich dachte, dass Menschen, die mich mit einer Panikattacke erlebten, auch nicht wussten, wer ich wirklich war, weil die Panik meine Persönlichkeit verschluckte.

»Also kann er gar nichts dafür?«, fragte ich Stephanie.

Sie nickte und ich dachte, so wie ich. Ich wäre ja am liebsten auch eine andere.

# 13

Früh am nächsten Morgen wachte ich auf. Ich hatte wenig geschlafen in der Nacht, Gonzo war durch meine Gedanken gespukt und die große Verlockung, einfach Ja zu sagen. Zwei Buchstaben, eine Sekunde – und ich könnte heute Abend einen Hund mit nach Hause nehmen. Könnte, könnte, könnte. Ich könnte auch Auto fahren. Ich könnte so vieles, wenn ich könnte.

Beim Seminar angekommen begrüßte Gonzo mich begeistert und ich merkte, wie sehr ich mich freute, den kleinen Kerl zu sehen. Fast ein bisschen mehr, als mir recht war. Während der Autofahrt hatte ich mit Stephanie über ihn gesprochen. Auf meine Frage, ob ich Gonzo zu mir nehmen sollte, gab sie mir keine Antwort. »Das kannst nur du selbst entscheiden.«

»Aber du würdest mir doch helfen.«

»Ja, sicher.«

Andere rieten mir dringend, Gonzo zu adoptieren. Sie sagten: »Es wird dein Leben positiv verändern. Du wirst glücklich sein. Ein Hund tut dir gut. Du wolltest doch immer einen Hund.«

Ja, vielleicht hatten sie recht, aber es ging doch in erster Linie darum, ob ich Gonzo ein schönes Leben ermöglichen konnte. Ich selbst hätte, ehrlich gesagt, nicht so gern mit mir zusammengelebt, weil es eben nicht toll mit einer wie mir war.

Eine einzige Frau riet mir strikt von Gonzo ab. »Der ist nichts für dich. Der ist viel zu stressig. Versteif dich nicht darauf, wir haben auch noch andere Hunde, die dringend einen Platz brauchen, zum Beispiel Sally, das ist ein Labrador-Mix, eine ganz eine Liebe, du wirst sie sofort mögen.«

»Wo ist sie denn? Eine Sally habe ich noch gar nicht gesehen.«

»Bei ihrer Pflegestelle. Ich kann einen Termin für dich arrangieren.«

»Ist ihr Fell schwarz oder hell?«

»Rabenschwarz, weißer Fleck auf der Brust.«

Das klang gut. Eine weiße Brust hatte Wunjo auch.

»Und wenn dir Sally nicht gefällt, ist vielleicht Laika die Richtige für dich. Was ich damit sagen will, ist, dass du Gonzo, nur weil ihn dir alle aufdrängen wollen, nicht nehmen musst.«

»Wie groß ist Sally denn?«, fragte ich, denn ich hatte mir eigentlich einen größeren Hund gewünscht als Gonzo. Groß wie Wunjo sah mein Traumhund aus, nicht wie ein Yorky-Podenko-Mix mit einem Stockmaß von 30 Zentimetern, knapp fünf Kilo Körpergewicht und diesen viel zu großen Ohren, die, ständig aufgestellt, in alle Richtungen spielten – ist da was? Oder da? Wo kann ich hinrennen, was anknurren, anbellen, wo eingreifen, mitspielen?

An diesem Tag besuchten die Teilnehmer, es waren wie immer deutlich mehr Frauen als Männer, ein SOS-Kinderdorf. Fast schon wie selbstverständlich wurde mir Gonzos Leine in die Hand gedrückt. Ich beschwerte mich nicht, es gab Schlimmeres. Gonzo setzte sich vor mich hin und schaute mir in die Augen mit einem Herzensbrecherblick, der zu versprechen schien: Heute bin ich ganz brav. Und das war er dann auch, die ersten fünf Minuten. Aber ich spürte, dass ich mich nicht so richtig auf ihn einlassen wollte. Ich wollte nicht, dass der kleine Kerl mein Herz berührte, als hätte er das nicht schon längst getan. Ich verglich ihn mit Wunjo. Ich erinnerte mich daran, dass ich einen großen und folgsamen und vor allem ruhigen Hund wollte, wenn ich mich irgendwann mal dazu in der Lage sehen würde. Gonzo ließ sich davon nicht beeindrucken, gelobte keine Besserung, sondern zeigte sich von seiner unerzogenen Seite. Aber woher sollte er auch wissen, was von ihm erwartet wurde. Eine Hundeschule hatte er bislang nicht besucht, das würden wir dann gemeinsam machen.

Erwischt.

Also, vielleicht.

Nein, total unwahrscheinlich war das. Ich gehe doch in keine Hundeschule!

Aber wenn ich mal irgendwann in eine gehe, dann sage ich den Leuten dort nicht, was mit mir los ist, nahm ich mir vor. Ich hätte mich jetzt noch in den Allerwertesten beißen können – und wenn ich ein Hund gewesen wäre, hätte ich das auch gekonnt –, weil ich mich geoutet hatte. Damit hatte ich mich gleich zu Beginn der Veranstaltung quasi unterworfen. Dabei war ich doch eine von denen, die das Ganze mitorganisiert hatten. Mit meiner Beichte hatte ich mich als nicht vollwertiges Mitglied disqualifiziert. Das nagte an mir.

»So was mache ich nie wieder«, sagte ich Stephanie beim Mittagessen.

»Ja, das fände ich auch besser«, meinte sie. »Dann wirst du auch anders wahrgenommen.«

»Wie, anders wahrgenommen?«, fragte ich.

»Na, alles, was du jetzt sagst und tust, wird doch in Bezug zu deinem Outing gesetzt. Und in einer Konfliktsituation würde man dich wohl in Watte packen.«

Obwohl ich das selbst wusste, war diese Watte ein harter Brocken für mich. Ich wollte Stephanie erklären, warum ich es getan hatte. »Angenommen, mir würde was passieren, würde ich mich wohler fühlen, wenn alle wüssten, was mit mir los ist.«

Ein bisschen amüsiert – oder bildete ich mir das ein – schaute sie mich an. »Was ist denn mit dir los, Tanja?«

»Ich bin Panikpatientin.«

Stephanie nickte. »Ja, sicher. Aber nicht nur. Mach dir doch mal Gedanken darüber, was du noch bist, und definiere dich nicht immer über deine Krankheit.«

Ich starrte sie an. So hatte sie noch nie mit mir gesprochen. Mit dem nächsten Satz nahm sie mir den Wind der Empörung aus den Segeln. »Versuch es doch mal so: Ich bin Leihpflegemutter für Gonzo.«

Ganz zufrieden war ich damit nicht. Ich hätte ihr gern erklärt, wie anstrengend es für mich war, die Maskerade aufrechtzuerhalten, wie ich es innerlich nannte, wenn ich »normal« spielen musste. Aber Stephanie lebte trotz aller Empathie in einer anderen Welt. Und sie wollte vielleicht gar nicht so viel von meiner wissen. Was ich ihr nicht verdenken konnte. Ja, ich bewunderte sie dafür, denn das hieß ja nur, dass sie sich abgrenzen konnte, was in ihrem Job sehr wichtig war. Ich musste das noch üben.

So viele neue Gedanken, Eindrücke, Ideen schwirrten mir durch den Kopf.

Ich hatte das Gefühl, Wochen zu benötigen, um dieses

Seminar zu verarbeiten. Tja, da verließ man einmal die Wohnung ... und kam womöglich als jemand anders zurück. Ich hätte mich nach dem Mittagessen gern irgendwo hingesetzt, eine Zigarette geraucht und nachgedacht. Doch das war nicht möglich, denn Gonzo wollte Gassi gehen. Und weil er die Gruppe, die mit den Kindern übte, störte, wurde ich gebeten, außerhalb des Geländes mit ihm spazieren zu gehen. Hatten die denn vergessen, dass ich Angstpatientin war? Ich konnte das Gelände nicht einfach so verlassen! Doch, ich konnte es. Gonzo zog mich einfach raus.

Am Nachmittag fragte Angelika mich direkt: »Jetzt hast du schon so viel Zeit mit Gonzo verbracht. Was hältst du davon, wenn du ihn heute mal zur Probe mit zu dir nach Hause nimmst?«

Ich riss die Augen auf: »Zu mir?«

»Nur zur Probe«, beschwichtigte sie mich.

Ich zögerte.

»Damit du weißt, wie sich das anfühlen würde«, sagte sie. »Das Leben mit einem Hund.«

»Das weiß ich doch!«, rief ich. »Ich hatte früher auch einen.«

»Aber bestimmt keinen solchen«, grinste sie.

»Was meinst du genau mit ›zur Probe?‹«

»Dass er mal eine Nacht bei dir verbringt. Dann kannst du genau sehen, wie das so wäre, ob du ihn in deinen Alltag integrieren könntest.« Bittend schaute sie mich an. »Was meinst du?«

»Äh, also ich ... ich denk drüber nach.«

»Und kannst du jetzt noch mal kurz mit ihm gehen, bitte?«

»Klar, gern.«

Und so machte ich mich erneut auf den Weg mit Gonzo. Die Gegend war fremd. Ich trug die Verantwortung. Das war wie eine handgeschriebene Einladung für eine Panikattacke. Doch Gonzo ließ mir keine Zeit für Atemnot à la Tanja. Ich hatte ihn kurz abgeleint, damit er ein Geschäft machen konnte, da sprang er in die Isar. Sie war zwar nicht gerade reißend an dieser Stelle, doch für einen kleinen Hund wie ihn war die Strömung viel zu stark. So erlebte ich zum ersten Mal Atemnot à la Gonzo. Im Grunde war es dasselbe wie eine Atemnot à la Tanja, doch ich blieb handlungsfähig. Denn es ging ja nicht um mich. Ich war schon dabei, mir die Schuhe von den Füßen zu reißen, da paddelte der kleine Kerl ans Ufer, schüttelte sich und raste dann wie ein Wahnsinniger im Kreis. Aber als ich ihn rief, kam er zu mir. Schnell leinte ich Gonzo an. Er nahm es mir nicht übel, sondern wälzte sich zufrieden grunzend auf den warmen Kieselsteinen. Dann nahm er manierlich Platz, leckte sich über sein kleines Mäulchen, als hätte er soeben seine Leibspeise vertilgt, und schaute mich neugierig an.

Die Isar gurgelte. Der Himmel war blau. Meine Gruppe, die Seminarteilnehmer, waren circa fünf Minuten von mir entfernt. Also sehr weit weg. Dennoch bekam ich Luft. Gonzo auch. Er hechelte ein wenig nach all der Aufregung. Es klang fast wie Schnappatmung. Tüten hatte ich auch für ihn dabei. Hundekotbeutel. Irgendwie waren wir uns ziemlich ähnlich.

»Sag mal, Gonzo?«, fragte ich ihn da.

Er reagierte nicht. Klar. Ich hatte ja auch noch nichts gefragt.

Ich räusperte mich. »Gonzo, könntest du dir vorstellen, zu mir zu kommen?«

Das war zu wenig für einen wie ihn.

»Ich würde mich sehr freuen, wenn du bei mir einziehen würdest«, legte ich noch einen drauf. Und kicherte dann nervös. Jetzt schaute er mich an.

Wenn ich seinen Blick hätte übersetzen sollen, wäre mir eingefallen: Mach's doch nicht so kompliziert.

Oh doch, das machte ich. Denn ich war ja nicht nur Panikpatientin, ich hatte auch noch eine Kontrollneurose. Und die war geradezu angestachelt, nachdem ich allen mitgeteilt hatte, dass Gonzo heute »nur zur Probe und völlig ohne Verpflichtung, total unverbindlich« bei mir übernachten würde. Als Kontrollzwänglerin musste ich damals noch immer alles ganz genau wissen und planen. Ohne Plan B, C und D verließ ich das Haus sowieso nie. Egal, was anstand, ich malte mir immer aus, was schiefgehen könnte, um für alle Eventualitäten gerüstet zu sein. Ein bisschen ist es heute noch so, aber im Allgemeinen genügt mir ein Plan B.

Bevor Gonzo meine Wohnung betrat, hatte ich ihn an sämtlichen Gefahren sterben lassen, die in meiner Wohnung lauerten. Er konnte vom Balkon stürzen, in der Toilettenschüssel ertrinken, sich im Messinggestänge des Bettes das Genick brechen und so weiter. Nachdem ich mir für alle Risiken eine Vorsorgemaßnahme ausgedacht hatte – Balkontür nicht öffnen, Toilettendeckel schließen etc. –, widmete ich mich den Anschaffungen, die ich tätigen musste. Futter, ein Körbchen, eine Leine.

»Wieso eine Leine, er hat doch eine«, wandte Stephanie ein. Sie brachte mich zurück auf den Boden der Tatsachen, indem sie mich daran erinnerte, dass es sich ja nur um eine Nacht handelte – »nicht wahr?«.

»Äh, klar.«

Auf dem Weg zu der Tierhandlung, in der ich mit Stephanie einkaufen wollte, fiel mir ein, dass ich ja auch Gassi gehen müsste mit Gonzo, womöglich nachts.

»Und wenn ich das nicht schaffe?«, ich schrie Stephanie fast an.

»Wieso sollst du das nicht schaffen?«, fragte sie mich.

»Weil, weil …« Ich langweilte mich schon selbst mit meinen Standardsätzen. Weil ich Panikpatientin bin? Aber das war ja wohl kein Allheilmittel, sondern das Bein, das ich mir selbst stellte. »Du meinst, ich schaffe es?«, fragte ich sie.

»Ja«, sagte sie schlicht.

Gonzo saß auf meinem Schoß. So warm war dieser kleine Hund. Vertrauensvoll hatte er die Augen geschlossen. Stephanie telefonierte über ihre Freisprechanlage, wir waren unterwegs, Zubehör für vielleicht meinen Hund zu kaufen. Wie schön das Leben sein konnte. Unter meiner Hand spürte ich Gonzos Herz. Da kamen diese Zweibeiner und karrten ihn einfach irgendwohin. Niemand fragte ihn. Aber wir wollten ja auch alle nur sein Bestes. Besonders ich. So sehr wünschte ich mir das Beste für ihn, denn das wäre ja auch das Beste für mich. Rausgehen, frei sein. Aber würde ich das wirklich allein hinkriegen? Stephanie hatte kaum aufgelegt, da vergewisserte ich mich: »Und wenn was ist, kann ich dich anrufen.«

»Immer.« Dann beruhigte sie mich: »Du wirst sehen, dass Gonzo sich mit dir zu Hause ganz anders verhalten wird als in der Gegenwart so vieler anderer Hunde.

Er wird auch merken, dass das dein Zuhause ist, und sich entspannen.«

»Dein Wort in Gottes Ohr«, seufzte ich.

»In Gonzos Ohr«, verbesserte Stephanie. Das zuckte nicht mal, denn Gonzo schlief tief und fest auf meinem Schoß. Ein Wunder! Doch es dauerte nicht lang. Kaum hatte Stephanie den Motor abgestellt, war er wieder voll da und in der Tierhandlung weiteten sich seine Nasenlöcher – ein Paradies!!! Dementsprechend benahm er sich. Überall hin und das am besten gleichzeitig. Stephanie empfahl mir, eine Hundebox für Gonzo zu kaufen, weil er dort am besten zur Ruhe kommen würde. Ich schluckte ein bisschen, als ich die Preise sah, aber zur Not würde ich mich eben noch mehr einschränken. Hauptsache, Gonzo war gut versorgt. Aber würde es Gonzo in diesem Käfig gefallen? Mir war nicht wohl bei der Vorstellung, ihn darin einzusperren.

»Du sperrst ihn nicht ein«, klärte Stephanie mich auf. »Hunde mögen es gern eng und geborgen. Die Box wird nach einer kurzen Eingewöhnungszeit zu seiner Höhle. Er wird sie lieben. Ich kenne keinen Hund, der seine Box ablehnt, außer er wurde nicht gut an sie herangeführt.«

»Man kann schlimme Fehler machen?«, stieß ich erschrocken hervor.

»Man kann immer Fehler machen«, sagte Stephanie freundlich. »Ein Hund muss stets freiwillig hineingehen, du kannst ihn mit Leckerlis locken. Wenn du dann die Tür schließt und er jault, solltest du ihn nicht beachten. Er muss die Erfahrung machen, dass das nichts bringt. Frustrationserfahrungen mit positivem Ausgang sind sehr wichtig für Hunde«. Eindringlich schaute sie mich an.

Meinte sie jetzt mich oder Gonzo oder war ich überempfindlich? Nein, sie konnte nicht mich meinen, Frust hatte ich genug erfahren in meinem Leben.

»Alma zum Beispiel«, erzählte Stephanie mir, »steht abends, wenn sie ins Bett will, an der Treppe und wartet, dass ich mit ihr hochgehe und die Tür der Box hinter ihr schließe. Ich würde sie offen lassen. Alma findet, sie gehört geschlossen über Nacht.«

Ich lachte. »Und Wunjo?«

»Der schläft auf seiner Decke. Alma liebt ihre Box. Sollte es bei Gonzo anders sein, kann ich dir die Box abkaufen. Ich brauche so was ja öfter.«

»Danke«, sagte ich. Das erleichterte mich schon mal. Auch in Bezug auf das Futter beriet Stephanie mich. Es war sehr schön mit ihr und Gonzo in der Tierhandlung, schöner als in jeder Boutique! Zu Hause half Stephanie mir beim Hochtragen. Als wir alles in meiner Wohnung hatten und sie sich verabschiedete, sackte ich in mich zusammen. Die ganze Kraft und Freude, all meine Zuversicht waren plötzlich wie weggeblasen. Ich merkte, dass mir die Luft knapp und es in meiner Brust ganz eng wurde. »Ich …«, begann ich, keuchte. Gonzo schnüffelte interessiert den Küchenboden ab, verharrte, schaute mich an. Auch Stephanie blickte mich an. »Ja?«

»Nichts«, sagte ich. Und wenn es mich zerreißen würde. Ich würde jetzt keine Panikattacke bekommen. Was wäre denn das für eine Begrüßung für meinen vierbeinigen Gast? Der musste ja glauben, in der Geisterbahn gelandet zu sein. Nein, das würde ich nicht zulassen!

Dann war Stephanie mit einem aufmunternden »Ihr schafft das schon, ich hole euch morgen wieder ab« weg.

Und wir waren allein. Allein? Nein, eben nicht. Wir waren zu zweit. Gonzo und ich. Nachdem er alles abgeschnuppert hatte, warf ich ein paar Leckerlis in die Box und staunte nicht schlecht, wie schnell Gonzo sich in dem Käfig wohlfühlte. Obwohl das ideal war, fand ich es schade. Ich hätte ihm gern noch ein bisschen zugeschaut. Aber der kleine Kerl war todmüde und die Box schenkte ihm die Geborgenheit, die er brauchte, um einzuschlafen.

Hin und wieder schnorchelte es sehr leise aus der Box. Ich setzte mich daneben und hörte dem lieben Geschöpf beim Atmen zu. Ein bisschen kam ich mir vor, als träumte ich. Da war ein Hund in meiner Wohnung. Vielleicht mein Hund? Es war zu groß, als dass ich es hätte begreifen können. Überhaupt waren die letzten Wochen und Monate so ereignisreich gewesen, dass mir beim Zurückdenken fast schwindlig wurde. Genau genommen hatte alles mit Wunjo begonnen. Und mit Stephanie natürlich. Trotzdem war diese Aktion die verrückteste überhaupt. Außer vielleicht mein Zahnarztbesuch vor zwei Wochen. Der war auch gewagt gewesen, da ich entsetzliche Angst vor dem Zahnarzt und vor allem davor hatte, im Zahnarztstuhl während des Bohrens eine Panikattacke zu bekommen. Und dann? Ich konnte ja nicht weg. Ich war quasi gefesselt. Allein die Vorstellung drückte mir die Luft ab. Gegen Mitternacht kam die erste Bewährungsprobe. Gonzo wurde unruhig in seiner Box. Er musste mal. Nun gut, damit hatte ich rechnen müssen. Dennoch traf es mich irgendwie überraschend. Ich versuchte, mir meine Anspannung nicht anmerken zu lassen, sagte locker: »Okay, wir gehen mal raus.« Dann sprach ich mehr mir als ihm Mut zu. »Das wird jetzt ein Riesenspaß. Draußen ist es ganz toll. So eine schöne laue Sommernacht. Und wir sind ganz allein.« Na, prima.

Ich leinte ihn an. Ich hatte ja keine Ahnung, ob er weglaufen würde. Darüber hatte ich noch gar nicht nachgedacht, fiel mir auf. Ich wurde nachlässig. Warum hatte ich mich nicht länger mit Angelika unterhalten? Die kannte ihn zumindest ein bisschen. Ich öffnete die Wohnungstür. Wir liefen die Treppen hinab. Dann standen wir vor der Haustür. Ich öffnete sie. Grillenzirpen, der Duft von gemähten Wiesen und die Sommernacht empfingen uns. Ich gab mir einen Ruck und lief los. Ein schönes Gefühl, die Leine in der Hand. Ein schönes Geräusch, die Pfoten auf der Straße. Wider Erwarten bellte Gonzo nicht, er zerrte auch nicht an der Leine. Er hob das Beinchen und drehte dann sofort wieder um. Sollte es das schon gewesen sein? Ja, das war es. Der kleine Kerl war todmüde und wollte in sein Bett. Wieder in der Wohnung lief er zielstrebig in seine Box und rollte sich behaglich grunzend zu einem Kringel ein. Man konnte den Eindruck haben, es gefiel ihm bei mir.

# 14

»Und wie war's?«, begrüßte mich Stephanie am nächsten Morgen, als sie mich abholte.

»Schön«, sagte ich und dachte, dass »schön« eigentlich das falsche Wort war. Es war umwerfend, berührend, großartig, es war … das pure Glück. Aber das klang vielleicht ein bisschen albern. Denn was war schon geschehen? Ein Hund hatte bei mir übernachtet.

Aber Stephanie verstand mich. »Sag ich doch«, sagte sie.

Auch die anderen Teilnehmer wollten wissen, wie es gelaufen war, und freuten sich für mich. Angelika konnte es kaum glauben, dass Gonzo, ohne Probleme zu machen, durchgeschlafen hatte.

Stephanie lachte. »Mich wundert das nicht. Der kleine Kerl war fix und alle.« Dann erklärte sie mir, dass man bei einem Hund wie Gonzo darauf achten müsse, dass er tagsüber vier bis sechs Stunden schlafe. »Solche Hunde überdrehen leicht und finden nur schwer zur Ruhe, was sie noch nervöser werden lässt. Es ist ein Teufelskreis. Wenn Gonzo von sich aus nicht ausruht, dann zwing ihn dazu.«

»Indem ich ihn in die Box sperre?«, fragte ich.

»Fast«, sagte Stephanie. »Indem du ihn in seine Box bittest. Und wenn er drin ist … Klappe zu.«

Die Box hatte ich natürlich nicht dabei und ich brauchte sie auch gar nicht. Den ganzen Vormittag über benahm Gonzo sich regelrecht gesittet, na ja, bis auf einige Ausrutscher. Vor dem Mittagessen ließ ich ihn auf einer großen Wiese mit Herzklopfen von der Leine. Denn ich hatte gemerkt, dass es ihm schwerfiel, seine Geschäfte an der Leine zu verrichten. Er rannte weg, tat, was getan werden musste, dann rief ich ihn: »Gonzo!« Mit fliegenden Ohren raste er in vollem Galopp auf mich zu. Ich breitete meine Arme aus. Tränen schossen mir in die Augen. Gonzo rannte rechts an mir vorbei, umkreiste mich, wedelte begeistert. Und dann setzte er sich so manierlich vor mich hin, dass auch Stephanie ihn bestimmt gelobt hätte.

Alles nur zur Probe, sagte ich mir immer wieder. Ich hatte Angst davor, mich festzulegen. Ich hatte zwar große Fortschritte gemacht in den vergangenen Monaten, doch konnte ich mir trauen? So oft hatte ich in den zurückliegenden Jahren geglaubt, ich wäre über den Berg, und hatte mich getäuscht, weil es nur einer von vielen war. Hinzu kam, dass ich auch ein bisschen Angst davor hatte, was in dem kleinen Kerl stecken könnte. Stephanie hatte es doch selbst gesagt. Wir kannten seinen Charakter noch gar nicht. Wenn ich nun Ja sagen und dann nicht mit ihm fertigwerden würde? War er der Richtige für mich, obwohl er klein und frech und wild war? Ich wusste so wenig von ihm.

Gonzo war etwas über ein Jahr alt und stammte von einer Tötungsstation auf Zypern. Wäre er nicht von Tierschützern gerettet worden, weilte er nicht mehr auf dieser Welt. Ich hätte gern gewusst, wann der kleine Kerl Geburtstag hatte, vielleicht war er ein Zwilling wie ich, vielleicht verstanden wir uns deshalb so gut. Wenn ich darüber nachdachte, dass kerngesunde Tiere getötet werden, wurde mir übel. Aber es gab so viel Elend auf der Welt, was bedeuteten da schon fünf Kilo Hund? Was der kleine Gonzo wohl alles erlebt hatte in seinem ersten Jahr? Wie hatte er sich durchgeschlagen? Wovon hatte er sich ernährt? Stephanie meinte, er mache nicht den Eindruck, als hätte er schlechte Erfahrungen mit Menschen gesammelt. Freundlich und offen rannte er auf alle zu, Kinder liebte er. Vielleicht hatte er seine ersten Monate auch bei einer Familie mit Kindern verbracht, die ihn ausgesetzt hatte, als er nicht mehr ganz so niedlich war. Ach, wie gern hätte ich mehr von ihm gewusst.

Da waren die Hundebesitzer, die ihre vierbeinigen Begleiter beim Züchter kauften, im Vorteil. Viele von ihnen besuchten die Welpen, bevor sie sie endgültig zu sich holten, kannten deren Eltern und wurden über jede Besonderheit in der Welpenstube informiert. Irgendwie war das alles ein bisschen gaga. Aber auch schön.

Für mich persönlich würde allerdings immer nur ein Hund vom Tierschutz infrage kommen, es gibt einfach zu viele Hunde in Not. Doch seit ich durch Stephanie mit einigen Hundehalterinnen und -haltern in Berührung gekommen war, dachte ich nun manchmal ein wenig anders über sogenannte Rettungsaktionen. Denn nur weil ein Hund in Spanien oder Griechenland geboren wurde, musste er noch nicht gerettet werden. Es gab Straßenhunde, die lebten zufrieden in ihrem Rudel. Sie da herauszureißen, nur weil sie keine Menschen hatten, die für sie zuständig waren, fand ich nicht richtig. Außer natürlich die Umstände sprachen dafür. Anders stellte sich die Situation für mich dar, wenn ein Hund in einer Tötungsstation vor sich hin vegetierte. Ein solches Tier lebt nicht in Freiheit, ist eingesperrt in einem engen Käfig unter meistens schlimmen Bedingungen – verschmutztes Wasser, kaum Fressen – niemand kümmert sich um diese Todeskandidaten, die zum Glück nicht wissen, was ihnen bevorsteht, wenn sie niemand rettet: die Todesspritze.

Unter Stephanies Kunden gab es viele Hundehalter, deren Vierbeiner aus Südeuropa stammten, und ich hatte mit einigen telefoniert und so manche Geschichte gehört. Die Erzählungen ähnelten sich. »Zuerst war er der liebste Gefährte der Welt. So brav, so geduldig, so dankbar. Ein Traumhund. Deshalb verstehe ich auch nicht, warum er sich jetzt plötzlich so verändert hat.«

Stephanie verstand das sehr wohl und erklärte es mir: »Wenn die Hunde hier bei uns ankommen, sind sie erst mal sehr angepasst, vorausgesetzt, sie haben nichts Schlimmes erlebt. Es gibt auch welche, die haben schlechte Erfahrungen mit Menschen gemacht, das ist dann aber etwas anderes. Im Normalfall sind die Hunde lieb und brav. Kein Wunder, sie sind ja auch unsicher. Sie müssen sich erst mal zurechtfinden. Auch wir Menschen hauen in einer fremden Umgebung in der Regel nicht auf den Putz, sondern orientieren uns. Sobald wir uns dann aber auskennen und sicherer fühlen, erlauben wir uns auch mehr. Und genau das machen die Hunde. Deshalb rufen die Leute nicht am ersten Tag bei uns an, sondern nach drei Wochen oder drei Monaten oder einem halben Jahr.«

Zum Glück machten nur wenige Hunde aus fernen Ländern ihren Haltern Probleme, doch man musste damit rechnen. Ich musste damit rechnen, wenn ich mich für Gonzo entschied. Und das machte mir zu schaffen.

Würde er sein friedfertiges Wesen verlieren und sich plötzlich mit anderen Hunden zoffen? Würde er den Macker rauskehren oder schlimmstenfalls aggressiv, auch gegen Menschen, werden? Was würde ich dann tun? Ich fragte Stephanie. Wie immer wusste sie Rat: »Du machst das, was viele andere auch machen. Du wendest dich an eine Hundetrainerin deines Vertrauens.«

»Und, wie schaut's aus?«, wollte Angelika, Gonzos Pflegemutter, von mir wissen. »Behältst du ihn?«

»Ich weiß nicht.«

»Aber es lief doch gut!«

»Ja, schon. Aber es war doch bloß eine Nacht.«

»Brauchst du eine Verlängerung?«

»Ja.«

»Okay, dann nimm ihn halt heute noch mal mit zu dir und sag mir morgen Bescheid.«

»Äh, schon morgen?«

Angelika wurde ein wenig ungeduldig. »Ja, worauf willst du denn noch warten?«

»Na ja, ich dachte, dass ich etwas mehr Zeit brauche, um zu sehen, ob Gonzo und ich wirklich zusammenpassen. Das ist doch jetzt schon alles ein bisschen Hals über Kopf.«

»Reicht dir eine Woche?«, fragte Angelika genervt.

»Zehn Tage«, bat ich.

»Das geht nur, wenn wir dann jemand anders in petto haben. Ich fange einen neuen Job an und kann den Hund nicht mitnehmen. Ich muss mal rumfragen, ob ihn jemand anders nehmen könnte.«

»Nein, nein«, rief ich.

»Was jetzt?«, fragte Angelika.

»Also, ja. Ich meine, ja. Das wäre toll«, sagte ich.

»Ich kümmere mich drum«, sagte sie und wendete sich ab.

Ich hielt sie zurück. Ich wollte nicht, dass sie so genervt wegging. »Schau, Angelika«, begann ich, »vielleicht lebt Gonzo die nächsten zehn oder 15 Jahre bei mir. Da muss ich mir doch sicher sein.«

»Es gibt nicht für alles im Leben einen Garantieschein«, entgegnete sie. »Das ist eines der Kennzeichen des Lebens. Man kann sich auf nichts verlassen, außer auf das eine, dass man sich auf nichts verlassen kann. Davon abgesehen bist du nicht allein auf der Welt. Das Zusammenleben mit dem Hund, das gestaltet ihr beide. Aber ich verstehe dich schon. Und im Grunde genommen hast du ja recht. Man übernimmt Verantwortung. Aber wenn ich jedes Mal so lange überlegen würde, bevor ich mich für etwas entscheide, stünde ich erstens im Leben woanders und hätte zweitens noch nie einen Pflegehund aufgenommen. Und Gonzo ist ungefähr mein 20.!«

»Aber du bist nicht krank!«, rief ich da.

»Oh doch, wenn du meinem Mann glaubst, dann habe ich gewaltig einen an der Waffel«, grinste sie.

Ach, wie gern hätte ich Ja gesagt. Für Normalos war ich manchmal komisch, kompliziert, stressig. Einmal hatte mich jemand Prinzessin auf der Erbse genannt. Das hatte mich sehr gekränkt, weil ich das ja nicht wollte. Ich hätte auch gern anders gelebt. Leider war es mir nicht möglich. Noch nicht.

Beim Nachmittagskaffee ließ Angelika mich wissen, dass zehn Tage Probezeit für sie in Ordnung wären. Einerseits erleichterte mich das sehr. Andererseits setzte es mich schon wieder unter Druck. Denn würden zehn Tage genügen? Ich war so durcheinander, dass ich in einen Panikanfall hineinschlidderte, gerade als ich mit Gonzo auf eine Zigarette nach draußen gegangen war. Ich merkte gleich, dass da etwas Größeres auf mich zurollte, so hatte es mich schon lange nicht mehr erwischt. Mit zitternden Händen zog ich die Tüte aus der Tasche und atmete aus und ein, aus und ein, viermal genügten nicht. Schweiß brach mir aus und ich bebte am ganzen Körper. Gonzo beschnupperte einen Laternenmast. Ich versuchte, mich auf ihn zu konzentrieren. Seine Schnauze auf der Erde, an dem Mast. Die leicht wedelnde Rute. Die aufgestellten Ohren. Er lief weiter, die Nase am Boden. Aha, derjenige, der an der Laterne markiert hatte, war wohl hier entlanggelaufen. Ich folgte Gonzo, hoch konzentriert auf seine Bewegungen. Schritt für Schritt lief ich hinein in seine Welt und damit hinaus aus meiner Panik.

In den vielen Therapien, die ich schon absolviert hatte, hatte ich auch gelernt, mich in einer Panikattacke auf das Jetzt zu konzentrieren. Auf meine unmittelbare Umgebung. Einen Baum. Ein Stück Himmel. Den Boden unter meinen Füßen. Was geschieht um mich herum ... So sollte ich zurückfinden von dem Horror in meinem Inneren in die reale Außenwelt. Als ich nun Gonzo hinterherlief, der einer Fährte folgte, kam es mir so vor, als hätte ich mit einem Hund an meiner Seite stets eine höchst lebendige Erinnerung daran, dass die Welt nicht allein aus meinem Innenleben bestand. Auch wenn die Welt für mich ohne mein Innenleben gar nicht existieren könnte, weil ich es ja war, die sie wahrnahm, so gab es doch noch immer das

Leben um mich herum. Gonzo war ein Botschafter der real existierenden Welt, in der es an diesem Mittwochnachmittag nicht den geringsten Grund gab, in Panik zu verfallen.

# 15

An einem Samstag im September begann mein Leben mit Gonzo, und ich sagte dem Verein und Angelika bereits nach fünf Tagen, dass ich ihn behalten wollte, für immer.

»Überstürzt du da nichts?«, neckte Angelika mich.

»Bestimmt nicht«, gab ich mich souveräner, als ich mich fühlte. Dabei hatte bis jetzt alles prima geklappt. Und noch viel mehr. Die Sonne war in mein Leben zurückgekehrt. Wenn ich morgens die Augen aufschlug, wusste ich immer gleich, dass sich das Aufstehen lohnte, auch wenn ich Gonzo nicht sah, weil er noch gemütlich in seiner Box schlief. Die Atmosphäre in meiner Wohnung hatte sich verändert durch dieses kleine Wesen. Alles war heller, freundlicher, hoffnungsvoller. Wenn Gonzo dann mitbekam, dass ich wach war, wollte er gleich raus. Ich knuddelte ihn ausgiebig – und los, bevor ein Malheur passierte. Als ich von Stephanie erfuhr, dass gesunde Hunde es ohne Probleme zwölf Stunden und länger ohne Gassigehen aushalten können, entspannte ich mich und beeilte mich nicht mehr so sehr, Gonzo Gelegenheit zu geben, sich zu erleichtern.

Gleich hinter meinem Haus führte ein Weg über eine Wiese zum Kalvarienberg, das war unsere Morgenrunde. Auf der Wiese ließ ich Gonzo von der Leine. Er lief nie weit weg von mir und wenn ich ihn rief, kam er sofort und ließ sich ohne Widerstreben anleinen. Nach zehn bis 15 Minuten kehrte ich um, frühstückte und fuhr den Rechner hoch, um die neuesten Anfragen für Stephanies Firma zu bearbeiten. Dann klingelte meistens auch schon das Telefon und so verging der Vormittag. Gegen zwölf verließen Gonzo und ich das Haus zum zweiten Mal, diesmal für 30 Minuten, manchmal auch länger. Ich ging alle Wege, die ich mit Wunjo und Stephanie und meinen Betreuern eingeübt hatte. Danach war ich meistens müde, was an meinen Medikamenten lag. Ach, wie ich mich darauf freute, wenn sie endlich ausgeschlichen wären! Den Nachmittag ließ ich meistens ruhig angehen, las und kümmerte mich um meine eigenen Belange. Das Geschäftstelefon behielt ich natürlich im Auge beziehungsweise am Ohr.

Meinen Betreuern sagte ich, dass sie nur noch einmal in der Woche zu kommen brauchten. Und zu meiner Therapiestunde ging ich allein. Es war nicht so, dass Gonzo für diese neue Freiheit verantwortlich war, ich hatte sie mir schon zuvor erkämpft, wenn auch Wunjo maßgeblich daran beteiligt war. Doch mit Gonzo an meiner Seite schmeckte das Leben anders. Gonzo hieß übrigens gar nicht Gonzo, wie sich jetzt erst herausstellte, als ich mit Angelika mailte und sie von »Bonzo« schrieb. Da merkten wir, dass wir die ganze Zeit aneinander vorbeigeredet hatten. Auch Stephanie hatte stets »Gonzo« verstanden. Ich blieb dabei.

»Ich habe jetzt übrigens einen Hund«, sagte ich zu meinem Therapeuten.

Der riss die Augen auf. »Wie, Sie haben einen Hund?«

»Erst war er ein Pflegehund«, begann ich von vorne.

»Kaum ist man mal drei Wochen im Urlaub …«, staunte der Therapeut.

»Und jetzt bleibt er für immer bei mir.«

»Das klingt großartig, Frau Buburas.« Sein Gesichtsausdruck passte nicht recht zu seiner Äußerung. Ich hatte ihn überrascht. Und das gefiel mir. Vielleicht mochte er aber auch keine Hunde. »Erzählen Sie mal, wie das so ist.«

Ich wusste nicht, wo ich anfangen sollte, weil mit Gonzo alles anders war, aber es waren eigentlich nur Kleinigkeiten. Dass ich mich draußen sicherer fühlte. Dass ich immer länger draußen bleiben konnte. Die größte Veränderung war für mich schwer in Worte zu fassen. Denn mit Gonzo war das Leben wieder schön geworden. Nach so vielen Jahren als Patientin hatte ich wohl zwischendurch die Hoffnung verloren, was mir aber erst jetzt, da sie zurückgekehrt war in Gestalt dieses kleinen Wesens, auffiel. »Ich bin drei- bis viermal pro Tag draußen.«

»Tatsächlich.«

Stolz nickte ich. »Manchmal sogar fünfmal. Ich brauche fast keine Vorbereitung. Besonders morgens klappt es ruck, zuck. Ich ziehe mir die Schuhe an und gehe hinaus. Zuweilen total spontan. Wenn ich einen längeren Spaziergang plane, konzentriere ich mich vorher schon noch darauf. Aber höchstens fünf Minuten, nicht mehr eine Stunde oder länger. Und ich bin auch schon zu einem langen Ausflug quasi spontan aufgebrochen. Einmal wollte ich nur kurz gehen und blieb über eine Stunde weg.«

»Spontan über eine Stunde«, wiederholte er. »Und wie haben Sie sich dabei gefühlt?«

»Gut. Ich habe mich auf Gonzo konzentriert. Und dann passieren ja mit ihm dauernd komische Sachen.«

»Was für Sachen?«

»Gestern ist er durch Matsch gerannt und hat dann eine Frau mit weißer Hose angesprungen.«

Der Therapeut verzog das Gesicht. Ich war mir nun sicher, dass er keine Hunde mochte.

»Das war mir wahnsinnig peinlich und ich wäre am liebsten heimgelaufen. Aber ich musste mich ja entschuldigen und der Frau sagen, dass ich die Reinigung bezahlen würde. Sie war total nett und hat gemeint, dass sie die Hose einfach in die Waschmaschine stecken würde, und so haben wir uns eine Weile unterhalten. Ich war während der ganzen Zeit entspannt, obwohl ich wirklich ziemlich weit weg von meiner Wohnung war. Ich konnte dem Gespräch auch gut folgen und hatte keine Zwangsgedanken. Ich war einfach normal, obwohl ich mich null auf diese Situation vorbereitet hatte. Mit Gonzo passieren ständig solche Sachen. Manche wären bis vor Kurzem noch höchst problematisch für mich gewesen und ich hätte viel Kraft gebraucht, sie auszuhalten. Jetzt flutschen sie einfach so durch.«

»Das klingt wunderbar!«

Ich nickte. Ich wollte ihm gern das eigentlich Wichtige, das wirklich Bedeutende erzählen, aber ich wusste nicht, wie. Dabei war ich in meinen vielen Therapien nie um Worte verlegen. Und was hatte ich nicht alles durchexerziert in den letzten Jahren. Aber es klang irgendwie zu kitschig. Gonzo verjagte meine Angst. Und das bei einer Größe von 30 Zentimetern und ungeachtet dessen, dass meine Angst ein Furcht einflößender Riese war!

Mit Verhaltenstherapie hatte ich begonnen, da bei Agoraphobie eine Konfrontations- oder Expositionstherapie als die wirksamste Methode gilt. Bei der Verhaltenstherapie geht es nicht so sehr um die Ursachen, sondern um den Umgang mit den Symptomen, das heißt, was kann die Patientin tun, wenn sie Panik bekommt. Es gibt sehr viele Möglichkeiten, mit den Ängsten umzugehen. So habe ich im Lauf der Zeit einen gut bestückten Werkzeugkoffer an die Hand bekommen. Das Bild gefällt mir ganz gut, ich stelle mir Schraubenzieher vor und Schraubenschlüssel, mit denen ich die lockeren Muttern fester drehe oder die zu fest gedrehten löse. Dabei habe ich die Erfahrung gemacht, dass nicht jedes Werkzeug jedem Menschen gleich gut hilft, deshalb ist die Auswahl so wichtig. Im Lauf meiner »Karriere« als Panikpatientin konnte ich, ich hatte ja Zeit genug, exakt das Sortiment für mich zusammenstellen, das mir am besten half. Leider nur am besten, nicht perfekt, nicht immer.

Sehr nützlich und für mich beeindruckend war die progressive Muskelentspannung. Dabei lernte ich, meine Muskulatur mithilfe eines Codewortes quasi auf Knopfdruck zu entspannen. Außerdem nahm ich mithilfe dieser Methode die unterschiedliche Intensität von Panikattacken wahr, was wiederum die Auswahl des richtigen Werkzeugs beeinflusste. Nicht jeder Schraubenschlüssel passt schließlich auf jeden Schraubenkopf. So half es mir an guten Tagen oder bei einer leichten Panikattacke, mich auf meine Umgebung zu konzentrieren, also bewusst zu sehen, zu hören, zu riechen. Dadurch konnte ich der Umgebung den Schrecken nehmen und mich wieder wohlfühlen. Bei einer starken Panikattacke oder großen Herausforderungen wie beispielsweise U-Bahn-Fahren war es hingegen wichtig, die Umgebung bewusst auszublenden.

Ich erinnere mich gut an die erste U-Bahn-Fahrt mit meinem damaligen Therapeuten. Tage vor dem Termin hatte ich schon kaum noch geschlafen, so aufgeregt war ich, weil das U-Bahn-Fahren zu meinen größten Herausforderungen zählte. Die Enge, der Tunnel, unter der Erde, gefangen, lebendig begraben, keine Möglichkeit wegzulaufen. Der blanke Horror, allein die Vorstellung.

An diesem Tag ging ich mit dem Gefühl aus dem Haus, dass sich die Erde auftun und mich verschlingen würde. Mein Therapeut war bestens gelaunt und ignorierte meine Symptome. »Gut«, sagte er und rieb sich die Hände, wofür ich ihn hasste. »Dann fahren wir erst mal eine Station und sehen, wie es geht.«

Ich fühlte mich wie auf dem Weg zu meiner eigenen Hinrichtung. Die Bahn hielt, wir stiegen ein. Als die Türen sich schlossen, kam das für mich einem Todesurteil gleich. Meine Beine gaben nach. »Ich muss mich setzen«, brachte ich gerade noch heraus.

»Da drüben«, sagte mein Therapeut. Irgendwie schaffte ich es zu dem Sitz. In meinen Ohren rauschte es und ich starrte auf den Notschalter neben der Tür. Aber der würde mir nichts helfen. Denn auch, wenn die Bahn anhalten würde, ich war gefangen, lebendig begraben. Nein, ich überlebte. Nach einer gefühlten Ewigkeit fuhr die Bahn rumpelnd in den nächsten Bahnhof ein. Ich stürzte hinaus, wollte nur eins: nach oben. Mein Therapeut hielt mich zurück. »Kommen Sie, setzen wir uns und reden.«

Ich wollte nicht reden. Ich wollte an die Luft. Raus hier. Und dann nach Hause. Reden wurde doch völlig überbewertet. Was gab es hier schon zu reden? Ich war eine Station in der Hölle geblieben, das musste ja wohl reichen, überhaupt brauchte ich die U-Bahn gar nicht, ich war doch arbeitslos, das war ein völlig idiotisches Unterfangen. Mein Therapeut sah das natürlich anders. »Reflexion ist wichtig, damit Sie sich klarmachen, dass Sie es geschafft haben. Allein das zählt doch, oder?«

Nein, eben nicht. Die nächste Hürde hieß: So viele Stationen fahren, wie ich aushalten konnte. Wider Erwarten starb ich nicht, ich wurde mutiger. Von Station zu Station wuchsen meine guten Erfahrungen, mein Mut und mein Wille, noch einen draufzusetzen. Ich fand meinen Therapeuten jetzt klasse. Der wusste schon, was er tat. Bis er mich bei der nächsten Pause auf einem Bahnhof wissen ließ: »Jetzt kommt die letzte Herausforderung für heute.«

»Noch eine?« Mir schwante nichts Gutes.

»Ich werde den nächsten Zug allein nehmen und Sie kommen nach. Wir treffen uns drei Haltestellen weiter.«

Meine Zuversicht erstarb. Ich hieß den Therapeuten in Gedanken alles, was ich je in meinem Leben an Beschimpfungen gehört hatte. Er ließ mir keine Zeit für Ausreden, sondern stieg in die nächste Bahn. Ich fühlte mich wie ein vergessenes Kind. Nur dass mich niemand abholen würde. Das musste ich schon allein schaffen. Tränen schossen mir in die Augen. Es war mir egal, ob die Leute mich anstarrten. Ich hatte keine Kraft mehr, mich zu schämen. Quietschend hielt die nächste Bahn. Ich stieg ein wie ein Opferlamm, das zur Schlachtbank geführt wird. Im Zug hakte ich innerlich die Haltestellen ab und betete mir vor: Gleich hast du es geschafft, gleich ist es vorbei. Bei der dritten Haltestelle begrüßte mich der Verräter von Therapeut mit einem Lächeln: »Glückwunsch! Das haben Sie gut gemacht«. Leider hatte ich keine Kraft mehr zur Freude. Ich konnte nur noch müde lächeln.

In meiner Zeit als Patientin lernte ich noch viele andere therapeutische Interventionen kennen, auch das systemische Aufstellen, weitläufig bekannt als Familienaufstellung. Allerdings wurden dabei nicht mir nahestehende Personen aufgestellt, sondern meine Anteile, also verschiedene Wesenszüge, auch der Teil, der Angst und Panik repräsentierte. Das war aufschlussreich und mir gefiel diese Arbeit sehr. Doch die Angst ließ sich davon nicht beeindrucken. Begleitend zu den klassischen Therapien übte ich mich in diversen Entspannungstechniken wie Yoga oder Meditation. Das wurde auch während meiner Aufenthalte in psychosomatischen Kliniken angeboten. Hier ging es zudem intensiv um Ursachenforschung. Ich lernte verschiedene Ansätze wie Gruppen-, Musik- oder die tiefenpsychologisch fundierte Therapie kennen.

Eine der wichtigsten Lektionen für mich war es, dass die Behandlung einer psychischen Erkrankung Zeit, Zeit und nochmals Zeit erfordert. Verhaltensweisen wie beispielsweise eine konstruktive Konfliktbewältigung oder das Setzen von Grenzen lassen sich nicht erzwingen und werden nicht hopplahopp erworben. Deshalb ist man ja psychisch krank, weil man eben nicht funktioniert. Genau das war mein Trugschluss zu Beginn meiner Erkrankung, als ich versuchte, sie unter ferner liefen irgendwie zu behandeln, wie eine lästige Pflicht. Ich ließ mich nicht richtig darauf ein und dafür zahlte ich einen hohen Preis, als ich dann regelrecht zusammenbrach. Ich konnte nicht alles auf einmal wuppen. Meine Beziehung, die Arbeit, meine privaten Aktivitäten und die Krankheit. Auf Dauer war das für mich nicht zu schaffen und ich glaube, dass ich wegen dieser Überforderung nach neun Monaten Verhaltenstherapie einen Rückfall erlitt. Und das blieb leider nicht mein einziger. Nach dem zweiten Rückfall innerhalb von drei Jahren war ich rat- und mutlos.

Durch Zufall und Glück erfuhr ich von der Rehaeinrichtung in Bad Tölz. Die Behandlung für psychisch Erkrankte war dort in medizinische und berufliche Rehabilitation aufgeteilt. Im ersten Abschnitt stand die Erkrankung an sich mit ihren Ursachen und Auswirkungen im Fokus, im zweiten Abschnitt ging es um die schrittweise Wiedereingliederung in eine Berufstätigkeit. In der Reha lernte ich weitere Therapien kennen wie Arbeits-, Beschäftigungs- und Ergotherapie. Ich war nicht mehr den ganzen Tag allein zu Hause, ich hatte Gesprächspartner und wurde unterstützt, meine Bewegungsfreiheit zurückzuerlangen. Und ich lernte die Körpertherapie kennen. Mein Ergotherapeut übernahm das Expositions/Konfrontationstraining. In seiner Begleitung machte ich die ersten kleinen Ausflüge nach draußen. Dann kam Wunjo … und schließlich Gonzo.

Gonzo war natürlich kein Therapeut. Trotzdem schaffte er etwas, was noch kein »Kollege« erreicht hatte. Seit er bei mir lebte, fühlte ich mich nicht mehr einsam. Das war ein großes Geschenk, aber es machte mir auch Angst. War ich denn dabei, in die nächste Abhängigkeit zu rutschen? Ich hatte genügend abschreckende Beispiele vor Augen, denn seit ich für Stephanie arbeitete, hatte ich eine Reihe von schrägen Frauchen und Herrchen kennengelernt. So wie die wollte ich nicht werden. War ich womöglich auf dem besten Weg dorthin und merkte es nicht mal? Ich schaute mir andere Hundebesitzer ganz genau an und erlebte einige verstörende Szenen, meistens handelte es sich um ein Nähe-Distanz-Problem, um es mal therapeutisch auszudrücken:

An einem herrlichen Sommertag saß ich mit Gonzo in einem Café an der Uferpromenade. Ich hatte uns einen strategisch guten Platz ausgesucht, um Leute zu beobachten. Wobei sich Gonzo natürlich mehr für die vorbeilaufenden Hunde interessierte. Ich schlürfte meinen Latte macchiato – so konnte es für immer bleiben. Am Nebentisch nahm eine ältere Dame mit ihrem Mops Platz. Ich bewunderte ihr teures Twin-Set, das Hermès-Tuch und das funkelnde Halsband des Hundes. Womöglich waren die Brillis echt. Gonzo war das egal, er würde den Artgenossen deswegen nicht veräppeln. Er war bereits in Kennenlernstellung für einen potenziellen Spielkameraden. Da hob die Dame ihren Mops hoch und setzte ihn auf den Stuhl neben sich. Gonzo blickte mich fragend an: Wieso darf der oben sitzen und ich nicht? Die Dame bestellte ebenfalls einen Latte macchiato. Ich bestellte noch eine Schorle und für Gonzo ein Schälchen Wasser. Dann widmete ich mich erneut den vorbeiflanierenden Touristen. Als der Latte der Dame serviert wurde, tauchte sie genüsslich ihren Löffel in den Milchschaum und führte ihn zum Mund. Sie wiederholte die Bewegung, doch beim zweiten Mal führte sie den Löffel an sich vorbei zu ihrem Mops. Der freute sich wie Bolle – lecker Milchschaum! Mir entgleisten die Gesichtszüge. Gonzo wedelte. Damit zog er die Aufmerksamkeit der Dame auf sich, die ihn freundlich anlächelte. Für einen Sekundenbruchteil befürchtete ich, sie würde Gonzo auch ein wenig Milchschaum offerieren. Aber nein, sie teilte ihn schwesterlich mit ihrem Mops.

Dass so etwas kein Einzelfall ist, hörte ich von einem Notarzt, den jemand gerufen hatte, nachdem ich einmal in der Fußgängerzone umgekippt war. Als er eintraf, stand ich schon wieder. Der Arzt wollte mich aber nicht so ohne Weiteres gehen lassen, obwohl ich ihm gleich von der Panik erzählte, sondern unterhielt sich eine Weile mit mir. Und weil kein Notruf einging, tranken wir dann noch einen Kaffee zusammen. Zuvor war er zu einer 86-jährigen Frau mit Atemnot gerufen worden. Blass und mit eingefallenem Gesicht saß sie auf dem Sofa, als er kam. Ihr Sohn stand neben ihr und hielt ihre Hand. Der Arzt gab ihr Sauerstoff, fühlte ihren Puls und fragte sie nach Vorerkrankungen. Die Dame erzählte mit zitternder Stimme und ihr Sohn ergänzte ihren Bericht, wenn es notwendig war. Während der Arzt zuhörte, schweifte sein Blick durch den Raum. Es war ein typisches deutsches Wohnzimmer mit Ledersofa, Eichenschrank, Vitrine, Essecke. Der Tisch war gedeckt, es war ja auch Essenszeit. Sein Blick glitt über das Geschirr und blieb an einem Platzdeckchen hängen. Dort stand kein Teller, sondern ein Hundenapf aus Keramik.

Nun, zumindest würde der Hund dieser alten Dame nicht verhungern. Anders erging es vielleicht dem mageren Vizsla der Frau, die ich einmal im Park getroffen hatte. Irgendwie sah sie falsch aus. Das maskenhafte Gesicht war stark geschminkt, sie war sehr gut, aber unpassend für einen Spaziergang mit dem Hund gekleidet. Sie hatte eine tolle Figur und ich vermutete, dass sie sich regelmäßig beim Sport abmühte. Ihre Hündin trug einen Maulkorb.

Ich fragte sie, warum. Da erzählte sie mir: »Molly ist gerade auf Diät, aber sie frisst draußen ständig Dreck und bettelt alle möglichen Leute an. Ohne Maulkorb wird sie nie abnehmen.« Ich sah mir Molly genauer an. Die Rippen standen hervor. Man soll die Rippen nie sehen bei einem Hund, nur fühlen. Da spulte sich ein Film vor meinem inneren Auge ab: Ich schlage die Frau k. o., klaue ihren unterernährten Hund und laufe mit ihm und Gonzo zur nächsten Konditorei, wo ich drei Stück Torte mit Sahne bestelle. Und bitte Keramikgeschirr und Löffel. Oh nein! Das war dann doch nicht mehr mein Film. Auch wenn Gonzo mir viel bedeutete, so war er doch ein Hund. Und das wollte und durfte ich nicht vergessen. Denn nur, wenn er bei mir Hund sein durfte, würde er bei mir auch froh sein.

Zum Abschluss der Stunde ließ mein Therapeut einen Kracher los: »Wenn es Ihnen so gut geht, brauchen Sie vielleicht bald gar nicht mehr zu kommen?«

Jetzt riss ich die Augen auf. »Das wäre … nein, nein, so weit bin ich noch nicht!«

Schweigend musterte er mich.

Hektisch zählte ich Gründe auf. »Auch wenn ich einkaufen gehen kann, so gehe ich doch immer nur in die bekannten Geschäfte, ich bewege mich frei, aber in einem eingeschränkten Radius. Ich bin noch lange nicht so weit, beispielsweise mit dem Zug zu fahren, nein, ich brauche Unterstützung!«

»Das war ja nur eine Frage«, beruhigte er mich.

Aber ich traute ihm nicht. Sollte das der Preis für Gonzo sein, dass ich allein zurechtkommen musste?

»Wieso allein?«, fragte mich Claudia am Telefon. »Ich dachte, du bist jetzt nicht mehr allein.«

»Nicht mehr einsam.«

»Aber das ist doch noch viel besser?«

Warum war es manchmal nur so schwer, Normalos zu erklären, wie meine Welt funktionierte. Aber dann erklärte es mir Claudia selbst mit einem Beispiel, das mich verblüffte. Sie sagte: »Vielleicht ist es bei dir seelisch so wie bei einem Menschen, der sich einen komplizierten beidseitigen Beinbruch zugezogen hat. Er kann nicht mehr gehen und ist auf einen Rollstuhl angewiesen. Nach einigen Monaten – was bei dir Jahren entspricht – sind seine Operationsnarben verheilt. Theoretisch könnte er jetzt aufstehen und wieder gehen. Die Beine sind funktionsfähig. Doch durch das lange Sitzen im Rollstuhl hat er Muskulatur abgebaut. Er könnte zwar gehen, aber er kann es nicht mehr.«

So treffend hatte meine Situation noch nie jemand beschrieben. Ich hatte verlernt, selbstständig zu leben. Das aber konnte ich nicht auf den Hund abwälzen. Und ich durfte auch keine Angst davor haben, noch selbstständiger zu werden. Das war nämlich eine Horrorvorstellung: Dass ich in Gonzos Beisein eine schlimme Panikattacke bekommen würde. So etwas wollte ich ihm ersparen, denn das würde ihn total verunsichern. Er musste mich jederzeit als starke, souveräne Rudelführerin wahrnehmen. Dann würde er sich wohlfühlen, sicher und geborgen. Und ich mich auch.

# 16

Gonzo liebte Kinder. Manchmal führte das zu einem Problem für mich, weil er, kaum entdeckte er welche, begeistert auf sie zurannte. Ich gewöhnte mir das vorausschauende Spazierengehen an. Wo lauerten Gefahren, wann musste ich ihn zu mir rufen, weil große, frei laufende Hunde, die ich nicht einschätzen konnte, sich näherten oder eben Kinder? Gonzo war absolut friedfertig, aber natürlich wussten das die Mütter der Kinder nicht, die Angst um ihre Kleinen hatten, so wie ich um Gonzo, wenn sich große fremde Hunde näherten. Denn Gonzo wich ihnen nicht aus. Neugierig lief er zu ihnen und das gefiel manchen nicht. So saß ich mit den Müttern in einem Boot. Wir sorgten uns um unsere Kleinen, gleichzeitig war ich mit Gonzo für die Mütter eine potenzielle Gefahrenquelle.

Angst bekam eine neue Ausprägung für mich, denn ich sorgte mich oft um Gonzo, je lieber ich ihn gewann, je unverzichtbarer er mir schien, desto schlimmer. Er könnte überfahren werden. Ein Hund könnte ihn beißen. Er könnte ertrinken. Es könnte ihm alles Mögliche zustoßen. Diese Angst war realer als meine Panikattacken, aber wie gewohnt, versuchte ich vorzubauen. Ich malte mir alle Schrecknisse detailliert aus und suchte nach Lösungen, um mich zu beruhigen. Was mir natürlich nicht gelang. Ein Restrisiko blieb immer.

Einmal ging ich mit Stephanie spazieren. Ein Kampfhund, der frei lief, näherte sich uns. In einer Panikreaktion riss ich Gonzo hoch. Was mir zu Beginn als Manko erschienen war, hatte ich längst schätzen gelernt. Ich konnte ihn jederzeit hochheben, in Sicherheit bringen, wegtragen. Sollte ich eine Panikattacke bekommen und schnell nach Hause müssen, würde ich den Hund packen und einfach losrennen.

Stephanie sagte: »Lass Gonzo wieder runter.«

»Aber, aber, aber …«, stammelte ich.

»Runter!«, befahl sie. So harsch kannte ich sie gar nicht. Mit zitternden Händen setzte ich Gonzo auf den Boden. Dann hielt Stephanie mir einen Vortrag. Mal abgesehen davon, dass nicht jeder Hund, der gefährlich aussah, gefährlich war … Mal abgesehen davon, dass es auch Hunde gab, die sich erst ganz klein und niedlich gaben und dann ihr zweites Gesicht zeigten, wenn sie merkten, dass ein anderer Angst hatte – Stichwort Mobbing … Mal abgesehen davon, dass Stephanie diesen Kampfhund zufällig persönlich kannte, der im Übrigen lammfromm war. »Es ist absolut tabu, einen Hund hochzureißen, außer in einer Gefahrensituation.«

»Aber, aber … das war doch eine!«, stammelte ich erneut.

»Das war keine Gefahrensituation. Ein anderer Hund ist aufgetaucht. Na und? Statt hektisch zu reagieren, hättest du ihn beobachten sollen. Du kennst dich doch mittlerweile in der Hundesprache aus. Hat er irgendein Anzeichen von Aggressivität gezeigt?«

»Nein«, musste ich zugeben.

»Nein«, bestätigte Stephanie. »Er hat sich nicht mal für

Gonzo, Wunjo und Alma interessiert. Er hat einfach bloß geschnuppert. Versetz dich mal in Gonzo hinein.«

Verwirrt musterte ich Stephanie. »Wie?«

Sie führte aus: »Er läuft guter Dinge über die Wiese, plötzlich wird er hochgerissen. Kennst du diese kleinen Hunde auf den Armen älterer Damen, die ihre Zähne fletschen und bellen wie verrückt, sodass man geradezu froh ist, dass sie aus dem Verkehr gezogen sind?«

»Natürlich.«

»Willst du so ein Frauchen werden?«

Röte schoss mir ins Gesicht. »Nein!«

»Dann lass Gonzo auf dem Boden, lass ihn in seiner Welt, lerne zu sehen, wann es nötig ist einzugreifen, stelle dich schützend vor ihn, sobald etwas unklar ist, aber gib ihm die Möglichkeit, mit seinen Artgenossen zu kommunizieren. Die Hunde vorgenannter älterer Damen sind nicht als Kläffer auf die Welt gekommen. Sie sind dazu gemacht worden. Sie sind so geworden, weil sie ständig hochgerissen wurden.«

Ich dachte noch oft über dieses Gespräch nach, denn ich hatte durchaus den Impuls, Gonzo hochzuheben. Aber ich schätzte Stephanies Rat viel zu sehr, als dass ich es dann tatsächlich getan hätte. Ich sah doch täglich, was für eine fantastische Hundetrainerin sie war. Aus ganz Deutschland reisten Kunden an, ihre Seminare waren ausgebucht. Ich sollte mich glücklich schätzen, sie an meiner Seite zu wissen. Ich würde einen Teufel tun, ihre Ratschläge zu ignorieren. Gonzo blieb auf dem Boden! Im Grunde genommen, dachte ich, bin ich wie eine übervorsichtige Mutter. Und so kehrte das Thema Kind durch die Hintertür bei mir ein. Ich hatte mich schon lange nicht mehr damit auseinandergesetzt, es war müßig. Erstens fehlte mir der Mann, zweitens sollte ich wegen meiner Medikamente besser nicht schwanger werden. Doch ich war ja dabei, sie auszuschleichen. Und ich hatte noch ein paar Jahre Zeit. Viele Frauen bekamen erst mit Ende 30 oder Anfang 40 Kinder. Der Zug war noch nicht abgefahren.

Am Ufer der Isar in der Innenstadt von Bad Tölz warf ein kleines Mädchen Kieselsteine in das Wasser. Seine Mutter, eine Frau in meinem Alter, saß daneben auf den warmen Steinen, das Wetter war in diesem Jahr erst im Herbst richtig schön geworden. Um die Frau war ein solches Leuchten, dass ich innehielt. Ihr ganzer Körper strahlte Liebe aus zu diesem kleinen Wesen, ihrer Tochter. Sie sprach nicht, schaute dem Kind nur dabei zu, wie es völlig fasziniert davon war, dass die Steine, die es ins Wasser warf, verschwanden, und dieses Wunder immer wieder ausprobieren musste, um es vielleicht irgendwann zu glauben. Ich hatte Gonzo an die Leine genommen und ging mit Abstand an den beiden vorbei. Das Mädchen drehte sich um, sah Gonzo und begann zu schreien. Im Schreck fiel es um, schrie noch mehr, brüllte wie am Spieß. Mit einem Satz war die Mutter bei ihrem Kind und riss es hoch. Böse schaute sie mich an. Dabei hatte ich überhaupt nichts getan. Ich war nur vorbeigelaufen. Das fiel ihr nun auch auf. Sie kam wieder zur Besinnung. Mir rutschte der zweitschlimmste Satz heraus, den eine Hundebesitzerin sagen kann: »Der tut nichts.« Der erstschlimmste Satz hätte gelautet: Der will nur spielen.

»Das mag schon sein«, erwiderte die Frau. »Aber Selina hat total Angst vor Hunden. Sie ist vor zwei Monaten von einem gebissen worden. Nein, das stimmt so auch nicht. Er hat nach ihr geschnappt, weil sie ihn am Schwanz gezogen hat. Es war ein ziemlich großer Hund. Eigentlich ist nichts Schlimmes passiert, nur ein Kratzer am Handrücken. Aber jetzt hat sie Angst vor Hunden.« Selina hatte zu weinen aufgehört und musterte Gonzo misstrauisch und auch ein klein wenig neugierig. Ihre Mutter versuchte, ihr Mut zuzusprechen. »Schau mal, Selina, das ist ein ganz lieber Hund.« Die Kleine drehte den Kopf weg.

Von Stephanie wusste ich, wie wichtig es war, dass ungünstig verlaufene Hundebegegnungen sich nicht zu einem Trauma verfestigten. Da musste man frühzeitig entgegenwirken, gerade bei Kindern. Wenn ein Mensch Angst vor Hunden hat, ist das Leben die Hölle. Hunde sind ja überall. Für manche Menschen sind Hunde so schlimm wie für Panikpatienten ihre Anfälle. Jederzeit kann eine Panik ausbrechen, jederzeit kann ein Hund auftauchen. Nur in seiner eigenen Wohnung ist man sicher.

Im Moment arbeitete Stephanie im Auftrag einer Institution an einem Konzept, um Schulkindern die Angst vor Hunden zu nehmen. Wir hatten oft darüber gesprochen, ich war sozusagen im Thema. Gerade wenn Kinder keine Hunde kennen, sollte man ihnen beibringen, wie sie sich einem Hund nähern. Dass sie stets die Besitzer fragen, ob sie ihn streicheln dürfen. Dass sie nicht frontal auf den Hund zugehen, sondern seitlich. Wo und wie sie ihn streicheln sollen. Was sie unterlassen sollen. Stephanie brachte den Kindern das kleine Abc der Hundesprache bei, damit die Kinder die Hunde besser einschätzen konnten. Man hat Angst vor dem, was man nicht kennt, vor dem Fremden. Manchmal arbeitete Stephanie auch mit Menschen, die unter extremer Hundeangst litten. Für sie war Wunjo, der große schwarze sanfte Riese, eine Art Konfrontationstherapie.

Ich überlegte kurz. Die Frau war nett und offen. Und sie litt unter der Angst ihrer Tochter. »Wenn Sie wollen«, bot ich ihr an, »kann ich meinen Hund mal von der Leine lassen. Sie halten Ihre Tochter sicher auf dem Arm und von dort kann sie ihn beobachten. Er wird zum Ufer rennen und mit Steinen spielen. So sieht Ihre Tochter, dass er dasselbe mag wie sie. Vielleicht ist er ihr dann nicht mehr so unheimlich?«

Die Mutter überlegte. Dann fragte sie Selina. Die versteckte ihr Gesicht in der Halsbeuge ihrer Mutter. Als ich Gonzo losmachte und er zum Ufer lief, lugte das Mädchen dann aber doch neugierig hervor. Wie immer, wenn er nasse Pfoten bekam oder gar einen nassen Bauch, rannte Gonzo danach wie ein Wahnsinniger im Kreis. Das sah zu drollig aus und diesem Anblick konnte sich auch Selina nicht verweigern. Sie lachte. Später warf sie vom sicheren Arm ihrer Mutter aus Steine für Gonzo in die Isar, denen er eifrig nachsprang. Ich hatte ein gutes Gefühl, als ich mich verabschiedete. Mit so einer Mutter hatte die Kleine beste Chancen, ihre Hundeangst in den Griff zu bekommen. Oft waren in solchen Fällen nämlich die Eltern das Problem. Wenn die Großen Angst vor Hunden haben, sind die Kleinen erst recht vorsichtig. Und man kann Kindern ja nichts vormachen. Man kann noch so oft sagen: »Das ist ein ganz lieber Hund.« Wenn man selbst Angst vor ihm hat, spürt das Kind das sehr wohl.

Die berührendste Begegnung mit Kindern hatte ich mit einem Jungen, er war sieben oder acht Jahre alt.

Er wünschte sich so sehr einen Hund, doch seine Mutter mochte keine Hunde, wie er mir erzählte. Gonzo und er hatten sich gesucht und gefunden. Die Mutter unterhielt sich mit einer Bekannten, die sie wohl zufällig getroffen hatte, ich stand mit Gonzo und dem Jungen auf dem Kalvarienberg. Ihm war das Erwachsenengespräch langweilig geworden, so war er zu uns geschlendert. Die Mutter hatte ihn gerufen, dann aber gesehen, dass keine Gefahr drohte. Als sie zu uns kam, sagte er: »Mama, das ist der Gonzo.«

Die Mutter wollte weitergehen.

»Mama, er ist ganz lieb.«

»Ja, ja. Komm jetzt.«

»Wirklich, Mama. Magst du ihn mal streicheln?«

»Nein, das möchte ich nicht, Laurin.«

»Mama, für mich.« Bittend schaute er sie an.

Irritiert blieb die Mutter stehen. Gonzo auch. Es war, als wäre ihm die Tragweite der Situation bewusst. Der Junge kniete sich neben Gonzo und streichelte ihn.

»Ja, das ist ein hübscher Kerl«, sagte die Mutter. Ich merkte, dass sie das eigentlich nicht fand und dass sie Angst vor Gonzo hatte, obwohl er so klein war. Waren nicht die kleinsten die gefährlichsten? Dann schaute sie ihren Sohn an. Und dann passierte irgendetwas. Ihr Gesicht verändert sich, wurde weicher. Sie ging ebenfalls in die Knie, dicht bei ihrem Sohn, und der nahm ihre Hand und zog sie zu Gonzo. Kaum hatte sie den Hund berührt, zuckte sie zurück, als hätte sie sich verbrannt. Schnell stand sie auf. »Komm jetzt, Laurin.« Ich merkte, dass ihr das Ganze peinlich war. Der kleine große Laurin zwinkerte mir beim Abschied zu. Seither wünschte ich mir, ihm ein zweites Mal zu begegnen. Leider habe ich ihn nie wiedergesehen.

Die Liebe versetzt Berge und bewirkt Wunder. Muss es immer die Liebe zu einem Menschen sein? Kann man auch ein Tier lieben? Darf man es? Solange man nicht aus den Augen verliert, dass es ein Tier und kein Mensch ist – ja. Das Wunderbare an Hunden ist ihre bedingungslose Liebe und ihre Gleichgültigkeit gegenüber Äußerlichkeiten oder den Schwächen eines Menschen. Und das macht sie so wertvoll im Zusammenleben. Die Beziehung zu einem Hund ist unkomplizierter als zu einem Menschen. Aber ein Hund wird einen Menschen nicht ersetzen können. Manche Leute meiden das Wort Liebe in Bezug auf ein Tier. Sie sprechen von Treue oder Anhänglichkeit. In dieser Beziehung war es mir völlig egal, was andere von mir denken mochten. Ich liebte Gonzo. Und das sagte ich ihm jeden Abend vor dem Einschlafen und fügte hinzu: »Ich freue mich schon darauf, was wir zwei morgen alles Tolles erleben werden.«

## 17

Durch meinen neuen Mitbewohner lernte ich eine Menge Leute kennen, vor allem endlich auch meine Nachbarn. Viele von ihnen waren mir zwar vom Sehen bekannt, doch erst mit Gonzo kamen wir ins Gespräch. Vorher wäre das ja auch nicht möglich gewesen, da ich mich ständig auf der Flucht befand. Mit Gonzo war ein Stück Ruhe in mein Leben eingekehrt, was eigentlich paradox war, weil Gonzo nach wie vor alles andere als ruhig war. Diese schöne Gelassenheit, die sich ausbreitet, wenn man mit einem Hund dahinspaziert, ermöglichte es mir, auf der Straße stehen zu bleiben und mich zu unterhalten. Auch wenn ich mich am Anfang dafür noch sehr anstrengen musste, klappte es immer besser. Ich dachte einfach daran, dass mir meine Gesprächspartner ja nicht ansahen, was in meinem Inneren tobte. In all den Jahren war ich eine Meisterin darin geworden zu verbergen, was ich fühlte. Ich lächelte, ich nickte und innerlich starb ich einen kleinen Tod, weil ich stehen bleiben und mich unterhalten musste, während ich gleichzeitig hektisch überlegte, wie ich aus der Situation herauskommen könnte, ohne das Gesicht zu verlieren, wie lange ich bis zu meiner Wohnung brauchen würde, und Notfallpläne schmiedete, was ich machen würde, wenn ich jetzt zum Beispiel Schnappatmung bekäme, umfallen würde und so weiter. Und währenddessen lächelte ich unentwegt.

»Ach, Sie haben ja jetzt einen Hund, ist das Ihrer oder ist er zu Besuch?«

»Das ist meiner«, sagte ich auch nach Wochen noch mit einer Spur von Ungläubigkeit, dass dieser Herzenswunsch wahr geworden war.

»Das ist ja ein süßer Kerl, wie heißt er denn?«

»Gonzo.«

»Ach, Gonzo. Und was bedeutet das?«

»Eigentlich hieß er ja Bonzo«, erklärte ich dann gelegentlich. Bei Menschen, die mir sympathisch waren, übte ich Small Talk und erzählte manchmal sogar von Gonzos Rettung aus der Tötungsstation. So wurde ich immer sicherer. Darüber hinaus lernte ich in kürzester Zeit ein Dutzend Hundebesitzer kennen. Niemand fragte mich, warum ich tagsüber Zeit hatte, ob ich nicht arbeitete, ob ich verheiratet sei oder was auch immer. Die Gespräche drehten sich um die Hunde. Ich wusste nicht, wie diese Leute hießen, und sie wussten nicht, wie ich hieß. Ich war das Gonzo-Frauchen, so wie sie das Luna-Frauchen und das Finn-Herrchen waren. Das genügte. Man gab sich Tipps, wünschte sich gute Besserung bei Durchfall und Verstopfung, überhaupt wurde oft über Nahrungsaufnahme und Verdauung gesprochen. Die wirklich wichtigen Themen eben. So war ich tagsüber nicht mehr ständig allein. Vor Gonzo war ich ja viel öfter in meiner Wohnung gewesen und wenn ich draußen war, hatte ich in Windeseile erledigt, was zu tun war. Es wäre mir nicht im Traum eingefallen, ein Gespräch zu beginnen, ja, ich hätte gar nicht gewusst, worüber. Mit einem Hund führt man ein Gesprächsthema Gassi. Nicht umsonst wird Singles empfohlen, sich einen Hund anzuschaffen – als Kontaktknüpfer.

Bei meinen neuen Bekanntschaften beherzigte ich Stephanies Rat und erzählte niemandem von meiner psychischen Erkrankung. Staunend merkte ich, wie gut mir das tat. Nicht immer dieselben Gespräche, dieselben Fragen. Ich gestand mir ein, dass das Leben mit der Krankheit, dieser ständige Kreislauf, diese fortwährenden Wiederholungen eine einzige Öde waren. Da passierte nichts Neues, wie auch, wenn ich nichts hereinließ und selbst nicht rauskonnte. Ein Sumpf, der mich immer tiefer zog, je öfter ich mit anderen darüber sprach: Ach, das ist ja schlimm. Seit wann haben Sie das denn? Was, schon so lange? Das ist ja schrecklich und so eine junge Frau. Und Sie können wirklich manchmal nicht die Wohnung verlassen? Oh, wie entsetzlich. Ja, so jemanden kenne ich auch und wissen Sie was, dann hat sie sich umgebracht. Nehmen Sie auch Medikamente? Die haben doch Nebenwirkungen, da wird man abhängig, oder? Und von was leben Sie dann, wenn ich fragen darf? Sie haben doch kein Einkommen, oder?

Ich erkannte, dass meine Offenbarung oft dazu geführt hatte, dass mir die Leute auch ziemlich indiskrete Fragen stellten. Kein Wunder, sie nahmen mich ja nicht für voll. Somit unterhielt ich mich nun lieber über Hunde, also über das Wesentliche. Gonzo tobte währenddessen mit anderen Hunden herum. Stephanie hatte mir versichert, dass Gonzo eine hohe soziale Kompetenz besitze und ich mir keine Sorgen machen müsse. Außerdem blieb er stets in meiner Nähe. Stephanie sagte: »Er sucht Bindung zu dir.« Das machte mich sehr glücklich. Doch an einem Dienstagnachmittag war Gonzo plötzlich verschwunden. Ich war im Gespräch mit einem älteren Herrn mit einem

Dackel. Als sich der Mann verabschiedete, war zwar der Dackel noch da, Gonzo jedoch nicht.

»Gonzo!«

»Gonzo?«

»Gon-zo!«

Kein Gonzo. Sofort bekam ich Herzklopfen. Das Atmen fiel mir schwer. »Gon-zo!« Wenn er sich verirrt hatte … Wenn er … Nicht so was denken. »Gon-zo!« Nur am Rande spürte ich die Peinlichkeit. Eine Hundebesitzerin stand auf der Wiese und brüllte nach ihrem Hund. Spaziergänger drehten sich zu mir um. Ich fiel auf. Das war so ungefähr das Schlimmste für mich, da ich doch immer lieber unauffällig, am liebsten unsichtbar war. Aber ich hatte keine Wahl. Es ging hier schließlich nicht um mich. »Gonzo!« Meine Stimme kippte ins Hysterische. Und so fühlte ich mich auch. Ich rannte die Wiese hoch, kam atemlos oben an und – vor Erleichterung stürzten mir die Tränen in die Augen – da war Gonzo! Er spielte mit … Schock … drei riesengroßen Schäferhunden! Sie jagten ihn. Um Himmels willen! Sie würden ihn in Stücke reißen.

»Gon-zo!!!«

Irritiert blieben die Hunde stehen. Alle vier. Und schauten in meine Richtung. Was war denn mit der? Ich rannte los. Die Hunde nahmen ihr Spiel wieder auf. Ich dachte an Stephanie. Irgendwie gelang es mir, mich in den Griff zu bekommen. Jetzt sah ich auch den Mann, zu dem die Hunde wohl gehörten. Er stand unter einem Baum und rauchte eine Zigarette. Ich ging zu ihm. Gonzo hatte einen Heidenspaß an diesem Spiel. Mein Blick wurde klarer. Ich sah, dass die drei friedlich und freundlich waren und Gonzo nicht rücksichtslos behandelten, wie es große Hunde im wilden Spiel gern tun. Der Mann nickte mir zu. So standen wir nebeneinander und beobachteten die Hunde. Eigentlich war es schön. »Die Lena ist ja taub«, sagte der Mann schließlich. »Und die Bella so gut wie blind. Sie rennen einfach immer der Ronja nach.« Jetzt sah ich es auch. Eigentlich waren nur zwei Hunde aktiv an dem Spiel beteiligt: Ronja und Gonzo. Und Ronja und die anderen Hunde waren auch nur halb so groß, wie ich beim ersten Blick geglaubt hatte. Ich schämte mich ein wenig.

Problemlos ließ Gonzo sich abrufen. Nachdenklich ging ich nach Hause. Wie oft in letzter Zeit hatte ich gemerkt, dass ich meiner Wahrnehmung nicht trauen konnte. Sobald sich der Schleier der Angst vor mir niedersenkte, schnitt ich mich von der Realität ab. Aber Gonzo, der kleine tapfere Kerl, riss den Schleier immer wieder weg. Und wenn er meine Unterstützung einmal wirklich brauchen sollte, dann würde ich mich vor ihn stellen und ihn beschützen. Ich musste aber genau hinsehen, um den Unterschied zu erkennen. Wann bildete ich mir Gefahr ein und wann bestand sie wirklich?

# 18

Ich wollte alles richtig machen mit Gonzo. Deshalb war ich unendlich froh, dass Stephanie mich weiterhin begleitete. Wie schon in unserer ersten Zeit mit Wunjo machte sie mich immer wieder auf meine Körpersprache aufmerksam. »Jetzt bist du wieder eingesackt«, das hörte ich Dutzende von Malen. Sobald ich in mich zusammenfiel, hörte Gonzo nicht mehr auf mich, was mich natürlich sehr motivierte: Schultern zurück, Brust raus, Kopf hoch. Und atmen, atmen, atmen. Bei unseren ersten Spaziergängen mit Gonzo kam mir Stephanie zuweilen wie eine Atemtherapeutin vor. Und Gonzo wie mein Mutmacher. Der kleine Kerl hatte überhaupt keine Angst. Vor nichts und niemandem. Er wollte alle Leute und Hunde in seinem neuen Revier kennenlernen. Und er sah es überhaupt nicht ein, dass er sich verstecken sollte. Schüchternheit war keine seiner Stärken. Platz für Gonzo den Großen!

Stephanie erklärte mir die Situation: »Für die anderen Hunde ist Gonzo zuerst einmal ein Eindringling. Sie kennen ihn nicht. Und er zollt ihnen auch nicht genügend Respekt. Das heißt, dass du dich, wenn ihr anderen Hunden begegnet, vor ihn stellen und ihn abschirmen solltest, bis sich die Hunde kennengelernt haben.«

Zum Glück habe ich keine Angst vor Hunden und hielt es aus, wenn sie auf mich zustürmten, obwohl mir danach schon so manches Mal die Knie schlotterten. Gonzo ließ sich immer nur kurz beeindrucken. Er schüttelte sich einmal und wollte los ins nächste Abenteuer. Stephanie sagte, dass ich mit diesem kleinen Kerl großes Glück gehabt hätte. »Gonzo ist zwar ein sensibler Hund, dabei jedoch keine Spur ängstlich. Er will einfach Spaß haben.«

Und den sollte er haben! Auch wenn er mich damit an meine eigenen Grenzen und manchmal sogar darüber hinaus führte. Da Gonzo sich für alles interessierte, ob Menschen, Hunde, Gerüche, Geräusche, musste ich mich ständig auf ihn fokussieren. Ihn immer wieder zurückrufen, um ihn daran zu erinnern, dass ich auch noch da war, ihn beobachten, die Umgebung beobachten, Gefahrenquellen vor ihm erkennen – und so fehlten mir schlichtweg die Kapazitäten für eine Panikattacke.

Gonzo blieb stets in meiner Nähe, auch damit hatte ich großes Glück. Allerdings ging ich oft viel weiter und länger, als ich es geplant hatte, immer Gonzo nach, und der folgte seiner Nase. Er liebte es, neue Bekanntschaften zu schließen, sich knuddeln zu lassen und im Mittelpunkt zu sein. Manchmal stand er dann stolz vor Fremden, wartete, bis ich kam und die Komplimente entgegennahm. So ein süßer Hund, so ein hübscher Hund. Da schaute er mich manchmal an, als wollte er mir sagen: Hörst du das? Ja, ich hörte es. Und musste wohl oder übel bei wildfremden Leuten stehen bleiben und mich bedanken. Was ja nicht schlimm war. Komplimente für Gonzo konnte ich gar nicht genug einheimsen. Diesbezüglich hatten wir eine Gemeinsamkeit.

Ich bemühte mich sehr, Stephanies Ratschläge zu beherzigen. Auch wenn sie nicht an meiner Seite war, hörte ich manchmal ihre Stimme: »Aufrichten! Kopf hoch!«

Und so wurde ich immer wieder ein bisschen mehr zu der Tanja von früher, der Tänzerin, die überall wegen ihrer geraden Haltung aufgefallen war. Die das genossen hatte. Jetzt fiel ich wieder gern auf. Nicht wegen mir, sondern wegen Gonzo.

Von Stephanie bekam ich viele wertvolle Tipps. Einmal holte sie mich zu einem Spaziergang ab. Ich hatte ihr Auto vom Fenster aus gesehen und ging hinunter. Kaum öffnete ich die Haustür, schoss Gonzo ins Freie, leider auf die Straße, ich hinterher.

»Gonzo! Gonzo!«

Da kam ein Auto in hohem Tempo angerauscht und bremste knapp vor Gonzo. Der lief schwanzwedelnd weiter. Mir zitterten die Knie.

»Macht ihr das immer so?«, fragte Stephanie verwundert.

»Gonzo muss doch dringend raus«, erklärte ich.

»Damit fährst du aber zu Beginn eines Spaziergangs schon ganz schön hoch. Da bist du ja von Anfang an gestresst. Besser wäre es, du leinst ihn im Haus an und führst ihn ruhig nach draußen. Losmachen kannst du ihn dann auf der Wiese.« Wie immer hatte Stephanie recht.

Obwohl sie mich sehr für meine Fortschritte lobte, hatte ich doch manchmal Sorge, ob ich wirklich gut genug für Gonzo wäre. Meine Panikattacken waren zwar deutlich seltener geworden, es gab Tage ganz ohne Panik, doch wie würde ein Anfall auf Gonzo wirken? An schlechten Tagen versuchte ich, ihm aus dem Weg zu gehen, sperrte mich schon mal in der Küche ein, um den Hund nicht zu verunsichern. Wenn ich nicht gut drauf war, erschien mir Gonzo nervös.

Stephanie zerstreute meine Zweifel. »Auch Herrchen und Frauchen ohne Panikattacken haben mal einen schlechten Tag oder sind krank, leiden an Migräne, einer Darmgrippe, Schmerzen. Damit kann dein Hund umgehen. Du kannst ihn nicht in Watte packen.«

»Aber ich möchte Gonzo nicht schädigen!«

»Du bist manchmal ein klein wenig überbehütend, wie es eben bei jungen Müttern oft der Fall ist«, neckte Stephanie mich und erklärte mir dann: »Es ist richtig, dass eine Abweichung vom Normalzustand Hunde verunsichert. Sie merken, dass etwas los ist, aber sie können es nicht einschätzen, denn sie selbst sehen ja keine Gefahr. Doch ihre Chefs benehmen sich so, als wäre etwas ganz und gar nicht in Ordnung.«

»Genau das meine ich«, nickte ich.

Stephanie fuhr fort: »Je nach Charakter reagiert ein Hund auf eine solche Situation. Es gibt Hunde, die kleben dann geradezu an ihren Besitzern, andere wollen erst mal nichts mit ihnen zu tun haben und ziehen sich auf ihre Decke zurück. Wieder andere werden nervös oder schlafen viel und manche meinen, sie müssten ihre Besitzer beschützen. Gonzo macht mir einen guten Eindruck. Er sieht nicht aus, als könnte ihn eine Panikattacke aus der Bahn werfen.« Dafür hätte ich Stephanie um den Hals fallen können.

Je länger ich mit Gonzo zusammen war, desto mehr traute ich auch meiner eigenen Wahrnehmung. Ja, Gonzo ging es gut mit mir. Wir hatten uns nicht gesucht und trotzdem gefunden!

# 19

An Silvester nahm ich mir immer gern viel Zeit, um das zurückliegende Jahr Revue passieren zu lassen und mir bewusst zu machen, was ich alles erlebt hatte – Gutes wie Schlechtes. Dieses Mal überwog deutlich das Gute und es kam in vielen Erinnerungen auf vier Beinen daher. Zuerst in Gestalt von Wunjo und nun als Gonzo. Ich staunte noch immer, dass ich jetzt Hundebesitzerin war. Dass ich mir das zugetraut hatte. Und wie viel Schönes ich in den letzten Monaten mit Gonzo hatte erleben dürfen. Wie viele Fortschritte ich mit ihm gemacht hatte, kleine und große.

Ich schwelgte in den Vorstellungen, wie es weitergehen würde. All die Schneewanderungen und Schlittenfahrten, die uns noch bevorstanden. Und dann der Frühling. Zusammen durch den Matsch stapfen, egal, wie schmutzig wir dabei würden. Ich hatte jetzt ja auch endlich gute Stiefel, meine Mutter hatte sie mir zu Weihnachten geschenkt. Überhaupt hatte sich mit Gonzos Einzug meine Garderobe drastisch verändert. Praktisch lautete nun die Devise, warm und robust. Nach dem Frühling kam der Sommer. Wir würden baden gehen und wandern und vielleicht würden wir auch mal einen Ausflug nach München machen oder Claudia besuchen. Die kannte Gonzo ja nur von Fotos. Wir könnten auch zu meiner Mutter und ihrem Freund nach Niederbayern, die beiden fragten immer wieder, wann ich sie endlich besuchen würde. Doch eine lange Zugfahrt traute ich mir noch nicht zu. Im Moment, schränkte ich ein. Vielleicht wäre ich im Frühling, im Sommer so weit.

So war dieses Silvester seit Langem mal wieder ein schönes, weil es mich mit so vielen Perspektiven lockte und weil ich so viele Häkchen an meine Liste gemacht hatte. Ich konnte allein einkaufen, allein zum Arzt gehen, ich war sogar einmal mit Stephanie im Kino gewesen und hatte viele kleinere und größere Herausforderungen gemeistert. Ich hatte mich mit fremden Menschen unterhalten, neue Leute kennengelernt, war täglich circa zwei Stunden an der frischen Luft, arbeitete mit Freude, lachte viel, war offen für Überraschungen, hatte kaum noch Panikattacken und vor allem: Ich fühlte mich nicht mehr einsam. Wenn das kein Grund zum Feiern war!

Ich hatte ein kleines Festmahl vorbereitet. Gonzo bekam keine Dose, sondern dasselbe wie ich: Reis mit Rindfleisch, wenn auch ungewürzt, und zum Nachtisch selbst gebackene Hundekekse. Nein, nicht ich hatte die Kekse gebacken. Aber im nächsten Jahr würde ich welche backen, das nahm ich mir fest vor. Denn es war wunderschön, für dieses kleine Geschöpf, das mir so vorbehaltlos vertraute, zu sorgen.

Normalerweise putzte ich am Silvestervormittag sehr gründlich. Ich weiß nicht, ob das Aberglaube ist, aber irgendwie war ich der Meinung, ich sollte das alte Jahr in Ordnung verlassen, damit das neue nicht im Chaos begann. Diesmal ließ ich das mit dem Putzen bleiben. Erstens war die Wohnung sowieso sauber und zweitens hatte ich gar keine Zeit, weil ich beim Gassigehen Lena, Bella,

Ronja und ihr Herrchen traf und die Runde größer wurde als geplant.

Um Mitternacht stand ich auf meinem Balkon und sah mir das Feuerwerk an. Gonzo gesellte sich anfangs zu mir, zog dann jedoch seine Box vor. Es war auch schon längst Schlafenszeit. Ich erhob mein Glas auf uns beide und wünschte uns ein wundervolles neues Jahr. Und vor allem ein nüchternes Jahr. Denn nächstes Silvester, da war ich sicher, würde ich keine Tabletten mehr schlucken. Dann wäre ich wirklich frei: von der Leine gelassen.

## 20

Ich beneidete Stephanie ein bisschen, die dem trüben Januarwetter bald den Rücken kehren und in einen Urlaub mit Sonnengarantie fliegen würde. Ach, könnte ich das doch auch! »Vielleicht im nächsten Jahr«, sagte ich zu Gonzo. Dann fiel mir ein, dass ich ihn dorthin nicht mitnehmen konnte. Aber man muss ja nicht immer in den Urlaub fliegen. Man kann ja auch zu Hause Urlaub machen. Also, irgendwo in Deutschland – mein Urlaub in den eigenen vier Wänden währte schon viel zu lange.

Der Himmel war grau, es schneite und regnete seit Tagen. Wo waren bloß die Winter meiner Kindheit geblieben mit Schnee von November bis März? Sonne hatte ich schon lang keine mehr gesehen, tief hingen die Wolken über Bad Tölz, das Brauneck war oft verhüllt und meine gute Laune auch. Die Straßen waren nass und matschig, da machte das Gassigehen nicht mal Gonzo Spaß. Was mich erleichterte, denn ich hatte keine Lust rauszugehen. Und wenn, dann nur kurz. Ob ich vielleicht eine Grippe bekam? Viele Leute waren im Moment erkältet. Meine Symptome deuteten darauf hin. Wahrscheinlich fühlte ich mich deswegen auch so trübsinnig, traurig geradezu.

»Was ist denn mit dir los?«, fragte Stephanie mich.

Ich zuckte mit den Schultern. »Das Wetter macht mich fertig.«

»Mich eigentlich auch«, erwiderte sie. »Aber dann

denk ich an den Urlaub. Und du wirst sehen, bald scheint die Sonne auch hier wieder.«

Doch als sie dann tatsächlich schien, veränderte das nichts. Ich war noch immer traurig, müde, antriebslos und es fiel mir schwer, mich zu konzentrieren, wie ich merkte, als Antonia, die Stephanie in ihrem Urlaub vertrat, bei mir anrief, weil gewisse Dinge nicht klappten. Ich hatte sie zur falschen Uhrzeit zum falschen Kunden geschickt und in einem anderen Fall zwei Namen verwechselt. Nur Kleinigkeiten? Im Prinzip ja, doch sie häuften sich. Ich führte ein Telefonat und konnte mich kurz darauf nicht mehr an die Vereinbarungen erinnern, die ich getroffen hatte. Ich sagte etwas zu, vergaß es aber, und wenn ich daran erinnert wurde, wusste ich gar nichts mehr. Was war denn das? Ich begann damit, mir alles aufzuschreiben. Telefonate, Aufgaben, alles. Wenn ich die Zettel durchlas und merkte, wie viel ich vergessen hatte, wurde mir schlecht.

Ich googelte meine Symptome und wunderte mich dann, dass ich nicht selbst auf die Idee gekommen war. In den Kliniken hatte ich oft genug von Mitpatienten gehört, wie es sich anfühlte, wenn man seine Medikamente ausschlich. Aber wieso sollte ich jetzt ein Problem damit haben? Ich war doch schon seit Monaten dabei und es war großartig gelaufen, ich hatte nicht mal gemerkt, dass ich die Dosis, wie mit dem Arzt geplant, kontinuierlich reduziert hatte.

Und es kam noch schlimmer. Nicht nur, dass ich beim Verfassen von E-Mails an Wortfindungsstörungen litt. Ich konnte mich manchmal auch im Gespräch nicht mehr richtig ausdrücken und stöpselte herum. Für alles brauchte ich entsetzlich lang, manchmal eine Ewigkeit. Meine Konzentrationsfähigkeit ging gegen null, sodass ich mich selbst ständig kontrollierte. Hatte ich das erledigt, wirklich? Mein Listensystem wurde immer komplizierter. Wenn ich beispielsweise Infos an die Teilnehmer einer von Stephanies Ausbildungen schickte, kontrollierte ich mehrfach, ob sich in jedem Kuvert auch wirklich alle Unterlagen befanden, ob die Adressen mit den Briefanreden übereinstimmten. Fand ich einen Fehler, machte mich das noch unsicherer und ich begann von vorne mit der Kontrolle. Auch meine E-Mails überprüfte ich, indem ich jeden Morgen nachschaute, wem ich am Vortag eine Nachricht geschickt hatte und das wiederum mit meinen Listen verglich. Für die Arbeit, die ich sonst in zwei Stunden erledigt hatte, brauchte ich nun manchmal den ganzen Tag, denn auch meine Pausen wurden länger.

Dafür wurden die Spaziergänge mit Gonzo kürzer. Ich war so müde und schleppte mich eher, als dass ich lief. Eigentlich gab es nur noch ein Ziel, die Sonnenuntergangs-Bank, genannt Sit-in. Das war eine Gemeinschaftserfindung von Angi und mir. Ich hatte sie beim Spazierengehen kennengelernt. Angi war ein paar Jahre jünger als ich und frisch getrennt von ihrem Freund. Sie hatte seinen kleinen Hund übernommen und mir gleich am Anfang anvertraut: »Andersrum wäre es schlimmer für mich.«

Sie war eine lustige Person. In unserer ersten Zeit lachten wir viel und unsere Hunde verstanden sich prima und spielten gern miteinander. Auch Angi sprach mich auf mein verändertes Verhalten an. »Geht's dir nicht gut?«

»Ich weiß auch nicht«, sagte ich vage.

»Wird schon wieder«, meinte sie.

»Ja, bestimmt«, sagte ich. Auch wenn keine Panikattacke im Hintergrund lauerte, war ich noch immer eine Meisterin im Verbergen meiner Gefühle. Die Wahrheit sah so aus, dass ich die ganze Zeit hätte heulen können und mich unausstehlich fand – denn worüber wollte ich heulen, jetzt, wo es mir so gut ging? Beim nächsten Termin mit meinem Therapeuten erzählte ich ihm von meiner Traurigkeit und meinem Verdacht.

»Ich glaube, es geht jetzt langsam los mit den Ausschleicherscheinungen.«

»Das kann gut sein, Sie sollten unbedingt einen Termin mit Ihrem Psychiater vereinbaren.«

»Das habe ich schon, für nächste Woche.«

»Und was genau hat sich nun verändert?«

»Ich erlebe mich selbst als viel emotionaler. Alles geht mir immer gleich so nah. Es ist alles so intensiv. Und Panik habe ich auch wieder öfter«, fügte ich leise hinzu.

»Hm«, machte mein Therapeut.

Der Psychiater machte nicht nur »Hm«, er sagte auch »Aha.« Und dann erklärte er mir, dass ich, je weniger Medikamente ich nehmen würde, umso mehr fühlen würde. Meine Stimmungen wären weniger gedeckelt von den Medikamenten.

»Also bin ich nicht verrückt, ich fühle nur die volle Bandbreite?«

»Nun, die volle Bandbreite wohl noch nicht, aber Sie bekommen eine Ahnung davon.«

»Also das, was ich jetzt erlebe, haben psychisch gesunde Menschen ständig?«

»Ja, aber sie können damit umgehen. Und das werden Sie auch können. Sie müssen es nur erst wieder lernen.«

»Aber das ist doch Blödsinn, dass einem die Tabletten die Gefühle abschneiden!«, rief ich verzweifelt.

»Nein, es ist Ihre Rettung gewesen«, erwiderte er ruhig. »Denn die Gefühle, die Sie hatten, waren ja, wenn Sie an Ihre Panikattacken denken, nicht gerade angenehm?«

Ich schüttelte den Kopf.

»Ich schlage vor, dass wir das Tempo des Reduzierens drosseln«, sagte der Arzt. »Ich gebe Ihnen einen neuen Plan mit. Sie werden die Dosis jetzt nicht mehr in Schritten von vier Wochen verringern, wir erhöhen auf sechs Wochen. Eventuell bleiben wir auch einmal länger auf einem Niveau. Können Sie mich einmal in der Woche anrufen, damit ich stets im Bilde bin, wie es Ihnen geht?«

Ich nickte und fragte: »Und was kann ich sonst noch tun?«

»Leider wenig. Das ist nun mal der Prozess des Ausschleichens und der ist bei jedem Patienten anders. Freuen Sie sich darüber, dass Sie so viele Monate gar nichts gemerkt haben. Bei manchen Patienten zeigen schon die ersten Reduktionsstufen Auswirkungen. Sollten Sie zukünftig unter irgendwelchen Befindlichkeitsstörungen leiden, empfehle ich Ihnen, sich nicht darauf zu konzentrieren. Geben Sie Ihnen keinen Raum, versuchen Sie, sie zu ignorieren, und vergegenwärtigen Sie sich, dass das nur eine Phase ist, kein Rückschritt oder gar ein Rückfall. Das ist normal, das gehört zum Ausschleichen. Durch diese Phase müssen Sie noch hindurch. Und es ist doch Ihr Ziel, irgendwann gar keine Medikamente mehr zu benötigen?«

»Nicht irgendwann. In diesem Jahr.«

»Das ist realistisch«, machte er mir Hoffnung.

»Aber wenn es immer schlimmer wird?«, fragte ich leise.

»So was sollten Sie nicht denken.«

»Okay«, sagte ich, als wäre das möglich. Aber dafür hatte ich zu viele Horrorstorys gehört und leider zu viel im Internet nachgelesen. Meine Befindlichkeitsstörungen waren harmlos verglichen mit anderen Patienten, die an so massiven Schwindelanfällen litten, dass sie ohne Hilfe kaum aufrecht stehen konnten, die ständig erbrechen mussten, keinen Bissen runterbrachten, nicht mehr schlafen konnten, schwitzten wie in der Sauna oder denen vor Unruhe die Beine zuckten. Manche litten an sogenannten Brain-Zaps, die sich anfühlten, als würde man Stromschläge direkt ins Gehirn bekommen. Ganz zu schweigen von Halluzinationen, Wahnvorstellungen und zum Teil auch entsetzlichen körperlichen Schmerzen, gegen die man aber leider kein Medikament einnehmen konnte, da es keine körperliche Ursache dafür gab. Das Gehirn, das seinen Stoff wollte, an den es gewöhnt war, spielte verrückt. Da musste man durch – sonst brach man das Ausschleichen ab, um irgendwann wieder von vorne zu beginnen. Es war ungefähr so, wie mit dem Rauchen aufzuhören. Nur viel, viel schlimmer.

## 21

In diesem Februar dachte ich oft an meine Situation vor einem Jahr zurück. Wie stolz ich damals auf mich gewesen war. Mein erster Ausflug mit Wunjo an den Tegernsee. Und nun? Es ging mir deutlich schlechter als vor einem Jahr. Nicht nur die Panikattacken waren zurückgekehrt. Ich konnte auch nicht mehr jeden Tag einkaufen gehen und musste meine Betreuer bitten, zweimal in der Woche zu mir zu kommen. Die Spaziergänge mit Gonzo waren manchmal eine einzige Qual. Und auch die Arbeit für Stephanie, die mir so viel Freude bereitet hatte, empfand ich zuweilen als große Anstrengung.

Leider gab es kein Fünkchen Hoffnung auf Besserung. Im Gegenteil, die Ausschleicherscheinungen wurden massiver und zahlreicher: Kopfschmerzen, Albträume, die mir Angst vor dem Einschlafen machten, ein Gefühl von Unwirklichkeit und damit die Angst, den Verstand zu verlieren, Stimmungsschwankungen, Appetitlosigkeit, Übelkeit, Schwindel, permanente Nervosität, Gliederschmerzen. In kürzester Zeit nahm ich sechs Kilo ab. Meine Klamotten schlotterten an mir. Ich wog nur noch 50 Kilo und sagte, wenn ich gefragt wurde, dass ich eine Diät gemacht hätte. Als ich merkte, dass man mich für magersüchtig hielt, schob ich eine hartnäckige Darmgrippe vor.

Die Symptome wechselten und traten mal stärker, mal schwächer auf. Am schlimmsten waren die Panikattacken. Manchmal stand ich morgens damit auf und schlief nachts damit ein. Hin und wieder wachte ich auch von einer Panikattacke auf. Das ist entsetzlich. Man schreckt hoch und hat Todesangst. So war mein Feind nun auch noch in meinen letzten sicheren Rückzugsort eingedrungen. Bisher hatte ich zu Hause fast nie Panikattacken gehabt und wenn, dann waren sie situationsbedingt und ich konnte sie mir erklären, zum Beispiel dadurch, dass etwas bevorstand, das mich gleich stark fordern würde. Doch jetzt überfiel mich die Panik einfach so aus heiterem Himmel. Ich war zu Hause nicht mehr in Sicherheit. Mein Körper und meine Psyche spielten permanent verrückt. Und das zeigte allmählich auch Auswirkungen auf meine Aktivitäten außerhalb der Wohnung, die mich immer mehr anstrengten. Meine Runden mit Gonzo wurden kürzer. Es war undenkbar, sie zu verlängern und mal eben spontan eine Stunde oder zwei unterwegs zu sein. Ich achtete darauf, weiterhin meine Hundebekanntschaften zu treffen, damit Gonzo spielen konnte, was er so sehr liebte. Aber der Small Talk mit anderen Menschen strengte mich zunehmend an. Ich wurde still und stiller und auch darauf angesprochen.

»Viel Arbeit zurzeit«, schützte ich vor.

»Ja, Sie sind auch ganz dünn geworden. Geradezu mager.«

»Das wird schon wieder.«

»Essen Sie Schokolade! Das kann man bei dem Matschwetter auch seelisch gut brauchen.«

»Mach ich«, sagte ich leichthin, wie ich es mir angewöhnt hatte, wenn ich Ratschläge bekam.

Oft drehte sich das Gespräch um die Leinenpflicht, die kürzlich in Bad Tölz eingeführt worden war. Eine Frau erzählte, dass sie vor Kurzem einem städtischen Kontrolleur begegnet sei. Ich wollte sie fragen, wo, denn ich würde Gonzo auch weiterhin frei laufen lassen, doch als ich ansetzte, kamen keine Wörter aus meinem Mund, beziehungsweise andere. Ich stotterte, stammelte, wurde panisch. Im Kopf wusste ich ganz genau, was ich sagen wollte, doch ich lallte wie eine Betrunkene. Ich sagte zwar etwas, doch es war nicht das, was ich glaubte, gesagt zu haben, wie ich dem Gesicht meiner Gesprächspartnerin ansehen konnte. Die Panik explodierte in meinem Bauch und breitete sich im ganzen Körper aus. Mein Herz raste, ich atmete schwer und die Hände kribbelten, als hätte ich sie in einen Ameisenhaufen gesteckt. Ich versuchte, meinen sinnlosen Satz zu Ende zu bringen, und war währenddessen gespannt wie eine Feder, bereit für den Weglaufmodus. So haspelte ich etwas wie »Äh, sorry, mir ist plötzlich total schlecht« und drehte ab. Mit höchster Anstrengung gelang es mir, nicht zu rennen, sondern nur zügig zu gehen. Zum Glück lief Gonzo brav mit. Ich hätte es nicht geschafft, anzuhalten und ihn an die Leine zu nehmen.

Zu Hause angekommen, war ich völlig schockiert. Lange saß ich auf dem Bett und starrte ins Nichts. Im Fernsehen hatte ich mal einen Film über Menschen mit Gehirnverletzungen gesehen. Die hatten auch wirr gesprochen, aber sie selbst hatten das nicht gemerkt. Sie hatten geglaubt, sie würden die richtigen Wörter benutzen. Auch Alzheimerpatienten konnten irgendwann nicht mehr reden, das wusste ich aus dem Seniorenheim, in dem

Stephanie mit Wunjo Besuchsdienste leistete. Würde ich so enden? Als stammelndes Bündel Panik? Von diesem Tag an machten mir bevorstehende Begegnungen Angst, denn es konnte ja jederzeit wieder geschehen. Jederzeit konnte ich die Sprache verlieren. Und dann? Angenommen, ich geriet wirklich in Not. Angenommen, ein Panikanfall würde bedrohliche Formen annehmen. Ich könnte mit niemandem sprechen …

Es ist nur eine Phase, nur eine Phase, sagte ich mir stündlich mehrfach vor. Aber etwas in mir konnte das nicht glauben. Denn ich hatte in der Vergangenheit zu viele Phasen durchgemacht. Genau genommen waren das keine Phasen gewesen, sondern ein einziges Desaster. Mein ganzes Leben war eine Misere. Und hatte die nicht schon in meiner Kindheit begonnen? Im Ballettunterricht hatten sie mich wegen meiner krummen Beine ausgelacht. Beim Eiskunstlauf hatte ich es nicht geschafft, auf die vorderen Ränge zu springen. Immer war meine jüngere Schwester besser als ich. Vor der Großstadt Berlin war ich weggelaufen. Wohin ich auch blickte, nur Versagen.

»Hat dir jemand ins Gehirn geschissen?«, fragte Claudia.

Darauf gab es nur eine Antwort: Ja. Und zwar ich selbst. Aber ich konnte diese negativen Gedanken nicht abstellen. Ich sah alles nur noch schwarz, rabenschwarz. Auch wenn ich mir vorbetete, dass ich tief in einer Depression steckte – das linderte ja nichts. Alles war anstrengend, das ganze Leben eine Last. Der Frühling, der sich an manchen Tagen schon erahnen ließ, war mir egal. Ja, schlimmer noch. Es wäre mir lieber gewesen, es wäre ewig dämmrig geblieben, denn dieses Wetter passte viel besser zu meiner Stimmung und es bot mir auch Tarnung, weil dann keiner rausging. Im Winter blieben alle gern zu Hause. Im Frühling und Sommer fiel der Unterschied zwischen mir und den anderen viel mehr auf. Würde mir wieder mal ein Sommer in den eigenen vier Wänden bevorstehen? Wie sollte das mit Gonzo werden? Ich hatte ihm gegenüber ein schlechtes Gewissen und vertraute mich in meiner Not Stephanie an.

»Wie oft gehst du denn mit ihm raus?«, fragte sie. Braun gebrannt und erholt war sie aus ihrem Urlaub zurückgekommen. Die konnte das. Ins Flugzeug steigen, wegfliegen, eine tolle Zeit erleben, zurückkommen, sich freuen, weiterarbeiten.

»Drei- bis viermal. Aber eben nur kurz.«

»Wie lang ist kurz?«

»Morgens 15 Minuten, mittags 30 Minuten, nachmittags 30 Minuten, abends 15 Minuten.«

»Das genügt. Es gibt viele Hunde, die müssen mit weniger auskommen. Und du übst auch immer schön mit ihm?«

»Ja.«

»Dann ist er gut ausgelastet. Er macht mir auch nicht den Eindruck, zu kurz gekommen zu sein.«

»Wenn es so wäre, würdest du es mir doch sagen?«

»Darauf kannst du Gift nehmen«, erwiderte die Anwältin der Hunde und das erleichterte mich sehr.

Leider konnte ich das Gassigehen nur noch selten genießen, meistens war es eine einzige Qual, da ich ständig gegen die Panik kämpfen musste, obwohl ich mir immer wieder vorsagte, dass es nicht den geringsten Grund dafür gab. Ich ging den üblichen Weg. Aller Voraussicht nach würde sich die Erde nicht aufbäumen. Kein Meteorit würde mich treffen. Trotzdem wurde es eng. Das ist albern, sagte ich zu mir. Es wurde noch enger. Und dann setzte die Schnappatmung ein. Ich konnte die Kurzschlüsse in meinem Gehirn nicht unter Kontrolle bringen.

Sobald ich meine Wohnung verließ, überrollte mich die Panik, und ich hatte keine Ahnung, wie ich den Spaziergang schaffen sollte. Ich ging anderen Menschen aus dem Weg. Ich hoffte inbrünstig, keine Bekannten zu treffen. »Für Gonzo. Tu es für Gonzo«, flüsterte ich vor mich hin. Diesen Stress musste ich viermal am Tag irgendwie bewältigen. Und dann womöglich noch einkaufen. Abends war ich fix und fertig. Ich schaffte mein Pensum nicht mehr und musste Stephanie um zwei Wochen Urlaub bitten.

»Aber natürlich«, sagte sie. »Dir steht noch viel mehr zu.«

»Zwei Wochen genügen«, sagte ich. Hoffte ich. Aber sie genügten natürlich nicht und ich schleppte mich weiter. Meine einzige kreative Leistung in dieser Zeit bestand darin, immer neue Ausreden zu erfinden. Zum Beispiel, warum ich schon wieder nicht bis zum Ende der Gassirunde mit den anderen gehen konnte, die ich gar nicht treffen hatte wollen. Rausgehen wurde zu einem Spießrutenlauf oder Hindernisparcours: Gehe so vielen Menschen wie möglich aus dem Weg. Hatte es vorher Spaß gemacht, spontan mit fremden Menschen über Gonzo ins Gespräch zu kommen – Oh, der ist ja niedlich, ich hatte auch mal einen Hund –, lief die Panik in mir in diesen Situationen nun zur Höchstform auf.

»Lauf weg!«, kreischte eine Stimme in meinem Kopf.

»Du bleibst stehen«, erwiderte eine andere und zählte

vernünftige Argumente auf. »Die Dame hat dir ein Kompliment über Gonzo gemacht. Bedanke dich und gehe ruhig weiter. Es besteht kein Grund zur Besorgnis.«

»Das schaffst du nicht, lauf weg!«, gellte die Panik in mir.

»Ruhig bleiben, ganz ruhig«, bettelte die andere Stimme dünn.

»Bring dich in Sicherheit!«

»Alles ist in Ordnung. Nichts kann dir passieren. Atme ganz ruhig ein und aus. Ein und aus.«

»Lauf!«

»Alles ist gut. Nichts wird geschehen.«

»Renn um dein Leben!«

»Bleib da. Du wirst das aushalten.«

Während in mir das Chaos tobte, stand ich neben meinem Gesprächspartner, er schaute mich an, ich schaute freundlich zurück, zusätzlich gestresst, weil man mir ja nichts anmerken sollte. Manchmal kam mir mein Leben vor, wie ich es auf Bildern von Überwachungsräumen gesehen hatte, wo ständig Dutzende Monitore verschiedene Situationen zeigten.

Auch davon erzählte ich Stephanie und sie sagte: »Konzentriere dich auf Gonzo. Mach Suchspiele mit ihm. Trainiere, was wir geübt haben. Versuche, die Umwelt auszublenden.«

Stephanies Ratschläge hatten mir schon oft geholfen. Beim nächsten Spaziergang bereitete ich mich darauf vor, indem ich mich daran erinnerte, wie schön es draußen sein würde: Die Sonne wärmt die Haut, der Wind streichelt das Gesicht, der Duft von Frühling in der lauen Luft. Ich legte alle Überzeugungskraft, die ich irgendwie zusammenkratzen konnte, in meine Stimme und sagte: »Gonzo, komm, gehen wir Gassi. Mal schauen, ob wir einen Spielkameraden von dir treffen.«

Gonzo beim Spielen zuzusehen war immer eine Pause vom Horror, so wie wenn die Waggons in der Geisterbahn über einen Balkon kurz nach draußen fahren. Wenn wir Gonzos beste Freundin Sissi trafen und die beiden sich balgten, den Hügel hinunterkullerten, sich jagten und fingen und verknäulten und wieder von vorne losstürmten, hatten Angst und Panik kurzzeitig keine Chance. Doch das war natürlich keine Lösung. Mein Hund würde einen Herzinfarkt kriegen, wenn er den ganzen Tag toben müsste, um mich abzulenken. Umso mehr genoss ich diese seltenen Momente, wenn Windstille, Angststille in mir herrschte.

# 22

Das Höllenkarussell drehte sich weiter, die Ausschleichfolter nahm kein Ende. Ich fühlte mich immer kraftloser. Hinzu kam, dass ich diesen Kampf ja schon so lange führte. Wenn ich mir das bewusst machte, war ich vollkommen verzweifelt. Meine Energiereserven waren aufgebraucht – wie die Geduld einiger Menschen, die mich begleiteten. Ich merkte es genau. Alle hatten in Gonzo die Heilung gesehen. Sie hatten sich mit mir gefreut. Und nun das. Tanja stürzte ab. Schon wieder, hörte das denn nie auf? Auch wenn ich erklärte, dass es an den Medikamenten lag, dass ich jetzt einen letzten Kampf führte, nämlich für meine Freiheit – wer glaubte mir schon noch? Hatte ich nicht immer eine neue Ausrede? Ich merkte genau, dass mich manche abschrieben. Egal, dachte ich trotzig. Ich bleibe sowieso am besten allein. Doch das ging diesmal nicht so einfach, denn ich entschied ja nicht nur für mich. Ich war auch für Gonzo verantwortlich und ich hatte ihm ein schönes Leben an meiner Seite versprochen.

Eine der wenigen Getreuen, die mir geblieben waren, war Michaela. Eines Abends, es war ein relativ guter Tag für mich gewesen mit nur etwa zehn Panikattacken, holte sie mich und Gonzo zu einem Spaziergang ab. Ich hatte sie gewarnt: »Vielleicht muss ich umdrehen, sobald Gonzo sein Geschäft erledigt hat«. Doch zu meiner eigenen Überraschung fühlte ich mich draußen wohl. Ja, ich genoss es geradezu und stimmte sofort zu, als Michaela auf einer Lichtung vorschlug, sich noch ein wenig auf die Baumstämme in der Abendsonne zu setzen, die sehr einladend wirkten. Gonzo schnüffelte interessiert in der Umgebung herum, Michaela und ich schwiegen. Das schätzte ich sehr an ihr. Sie musste nicht dauernd reden. Ich schloss die Augen, um die warmen Strahlen der Sonne noch mehr zu genießen, da sagte Michaela: »Du, ich würde dich gerne etwas fragen, aber ich weiß nicht, wie, und es ist absolut in Ordnung, wenn du nicht darüber sprechen möchtest.«

Ich öffnete die Augen, drehte den Kopf zu ihr und forderte sie auf: »Frag, was immer du wissen möchtest.«

Michaela räusperte sich. Ich merkte, dass es ihr nicht leichtfiel, einen Anfang zu finden. Vielleicht hatte sie mich das, was gleich kommen würde, schon oft fragen wollen. Ich war gespannt.

»Aber du bist mir nicht böse?«, vergewisserte sie sich.

»Ich glaube nicht.«

»Also«, sie holte tief Luft, »das mit deiner Krankheit geht ja jetzt schon eine Zeit lang.« Sie zögerte.

Aufmunternd nickte ich ihr zu.

»Als du hierhergezogen bist und wir uns kennenlernten, warst du ja schon krank.«

Wieder nickte ich.

»Und … na ja, wir haben seitdem einige Höhen und Tiefen durchgemacht.«

»Ja, das stimmt. Und ich bin dir auch sehr dankbar, dass du mich nie im Stich gelassen hast.«

»Das ist doch Ehrensache. Jedenfalls beschäftigt mich, dass es dir jetzt wieder so schlecht geht. Ich merke sehr wohl, dass du das vor mir verstecken willst. Wir sehen uns ja auch nur noch selten. Du vergräbst dich regelrecht. Aber es will mir einfach nicht in den Kopf, warum du nicht endlich wieder normal«, sie zuckte zusammen, »äh, Entschuldigung, gesund bist. Wo du doch so wahnsinnig viele Therapien gemacht hast. Da muss man doch mal geheilt sein.«

Jetzt seufzte ich.

Erschrocken legte sie mir ihre Hand auf den Unterarm. »Ich wollte dich nicht verletzen, wirklich nicht.«

»Nein, nein«, sagte ich schnell. »Das hast du nicht. Deine Frage ist absolut berechtigt. Und ich kann dir sagen, dass ich es selbst nicht verstehe. Genau diese Frage habe ich mir schon 1000-mal gestellt und die Menschen in meiner Umgebung bestimmt auch. Es ist die Frage aller Fragen.«

»Und? Zu welcher Antwort bist du gekommen?«

»Zu vielen. Aber ehrlich gesagt, zu keiner Lösung. Für diese Art von Erkrankung gibt es kein Medikament, das die Symptome einfach so verschwinden lässt.«

»Es geht doch nicht um das Verschwinden von Symptomen! Es geht darum, dass du wieder gesund wirst, ganz gesund.«

»Vielleicht werde ich nie wieder gesund«, sprach ich meine schlimmste Befürchtung aus.

»So wie ein Alkoholiker?«, fragte Michaela. »Der immer als Alkoholiker gilt, auch wenn er trocken ist?«

»Vielleicht«, sagte ich bedrückt. Das war mein Horror. Für immer Angstpatientin. Guten Tag, mein Name ist Tanja und ich habe Panik.

Michaela schwieg betroffen.

Ich versuchte, das Unerklärliche zu erklären, und da fiel mir ein ganz trivialer Vergleich ein: »Seelenprobleme sind vergleichbar mit einem Berg Schmutzwäsche. Nur gibt es für sie leider keine Waschmaschine mit dem dazu passenden Programm. Man muss das Programm selbst entwickeln. Und so bin ich seit vielen Jahren auf der Suche nach den Ursachen. Ich arbeite sozusagen an der Reinigung meines Innenlebens. Leider ist das eine Sisyphusarbeit. Mal benutze ich vielleicht das falsche Mittel, mal schleudert die Trommel mit zu hoher Drehzahl oder das Wasser ist nicht heiß genug. Was weiß ich. Jedenfalls habe ich noch nie aufgegeben.«

»Dafür bewundere ich dich auch«, sagte Michaela leise. »Dass du so kämpfst.«

»Leicht fällt es mir nicht«, gab ich zu.

»Aber jetzt hast du ja Gonzo«, erwiderte sie.

»Ja. Gonzo«, sagte ich und wagte nicht, ihr zu erzählen, wie sehr ich trotz Gonzo mit meinem Alltag rang.

Mein Psychiater schlug vor, ich sollte Beruhigungsmittel zur Unterstützung nehmen. Das half zwar ein bisschen, aber andererseits machte mich das Medikament so müde, dass ich mich nur noch durch den Tag schleppen konnte. Ohne diese Pillen war es allerdings noch schlimmer, denn sie dämpften die Angst. Pest oder Cholera? Ich war psychisch und physisch am Ende.

Mittlerweile ging ich nur noch dann mit Gonzo spazieren, wenn ich sicher war, keine Bekannten zu treffen. Es wäre mir zu peinlich gewesen, vor ihnen schlotternd und mit Schnappatmung im Matsch zu liegen. Da Hundebesitzer meistens feste Gassizeiten einhalten, war es einfach, ihnen aus dem Weg zu gehen, und wenn ich sie trotzdem traf und sie mich fragten, ob ich andere Pfade entdeckt hätte, erklärte ich meine Abwesenheit mit viel Arbeit.

An einem Nachmittag Ende Februar traf ich oben an der Kirche zwei alte Damen, die ihre Terrier ausführten, beide so groß wie Gonzo. Die drei schlossen sich sofort zu einer Gang zusammen. Das Herz ging mir auf, als ich sah, wie begeistert Gonzo sich in das Spiel stürzte. Diese beiden Artgenossen waren wie maßgeschneidert für ihn. Fünf Jahre alt waren die Jungs. Im Gespräch mit ihren Besitzerinnen stellte sich heraus, dass sie Brüder waren. Die Damen waren Schwestern, 79 und 82 Jahre alt. Sie waren erst vor zwei Monaten nach Bad Tölz gezogen, in das Haus ihres verstorbenen Bruders, das sie gemeinsam geerbt hatten. Es war auch ihr Elternhaus und sie hatten ihre ersten 20 beziehungsweise 17 Lebensjahre dort verbracht, ehe sie nach München zogen. Später hatte eine der Schwestern nach Stuttgart geheiratet. Jetzt waren ihre Männer tot. »Und wissen Sie, Fräulein«, sagte die Ältere, wobei ich ein wenig zusammenzuckte, »wissen Sie, wenn man älter wird, geht man gern dahin zurück, wo man als junger Mensch glücklich war.«

»Aber in Ihrem Alter!«, staunte ich. »Heißt es nicht auch, dass man einen alten Baum nicht verpflanzen soll?«

»Wir sind ja hier groß geworden«, erklärte die Jüngere. »Genau genommen haben sich hier unsere Wurzeln gebildet.«

»Ich bin sogar in dem Haus geboren«, ergänzte die Ältere.

»Es ist trotzdem ein Neustart«, entgegnete ich. »Hut ab!«

»Wir waren im Urlaub immer hier. Also haben wir uns quasi nie entfremdet.«

»Nein, ganz gewiss nicht«, sagte ich. »Sie reden ja auch Bayrisch.«

»Schwäbisch, noi, des wärad nix für mi«, schmunzelte die eine.

»Wir haben eine Haushaltshilfe, die kauft für uns die schweren Sachen ein und sorgt für die Sauberkeit«, erfuhr ich von der anderen.

»Nicht, dass wir das nicht könnten!«

»Wir sind ja noch recht gut beieinander und sagen dem Herrgott jeden Tag Danke dafür.«

»Aber die Augen.«

»Die Augen?«, wiederholte ich.

»Das werden Sie auch noch merken, Fräulein. Die Augen lassen nach und dann sehen Sie den Dreck nicht mehr.«

Ich lachte und wunderte mich über mich selbst. Heute war ein guter Tag. Dass es so was noch gab für mich … Dann fragte ich die beiden, wie sie zu den Hunden gekommen waren, und hörte zu meinem allergrößten Erstaunen, dass sie die beiden spontan übernommen hatten. Spontan! Eine gemeinsame Bekannte war gestorben, »mit nur 68 Jahren. So jung! Ihre zwei Hunde hätten ins Tierheim gemusst. Da habe ich vorgeschlagen, dass wir …«, begann die Ältere.

»Nein, das war meine Idee«, widersprach die Jüngere.

»Also, wir haben gemeinsam den Plan gefasst«, führte die Ältere aus, »dass jede von uns einen Hund nimmt.«

Die Jüngere nickte. »Und dann ist unser Bruder gestorben. Der hat ja immer in unserem Familienhaus gelebt. Seine Frau ist schon lange tot und sein einziger Sohn ist mit 20 bei einem Motorradunfall ums Leben gekommen.«

»Da habe ich zu Emi gesagt …«, setzte die Ältere an.

»Nein, ich habe es zu dir gesagt«, widersprach Emi.

»Jedenfalls haben wir gemerkt, dass die Hunde deprimiert sind. Die waren doch von Kind auf immer zusammen.«

»Welpe heißt das, Luzie, nicht Kind.«

»Und wir haben uns ja auch gut verstanden«, nickte Emi.

»Manchmal«, grinste Luzie frech.

»Also haben wir beschlossen, dass wir zurück in unsere Geburtsstadt ziehen.«

»Ja. Wir haben das Haus umbauen lassen und sind eingezogen. Jede hat ihren eigenen Bereich.«

»Ohne die Hunde, wissen Sie, wären wir bestimmt nicht zusammengezogen. Aber wir wollten, dass das Rudel wieder beieinander ist. Und jetzt sind wir ja so froh. Weil so ist es viel schöner, nicht wahr, Luzie?«

»Meistens.«

»Und Sie, Fräulein. Wohnen Sie schon immer hier?«

»Nein, noch nicht so lange. Aber ich stamme aus der Gegend. Ich war auch mal in Berlin und …«

»Oh, wie schrecklich. So eine laute Stadt.«

»Na ja, mir hat es dort schon gefallen.«

»Aber da könnte man guten Gewissens keinen Hund halten«, sagte Emi.

Darüber hatte ich noch nie nachgedacht. Auch wenn ich hin und wieder mit dem Gedanken gespielt hatte, irgendwann zurück nach Berlin zu ziehen, wenn ich wieder richtig gesund wäre … Das würde die Trennung von Gonzo bedeuten. In diesem Augenblick starb Berlin. Aber eigentlich hatte es ja schon lange nicht mehr selbstständig gelebt, war höchstens noch an Maschinen angeschlossen gewesen, die es beatmeten. Denn wie sollte ich nach Berlin ziehen, wenn ich nicht mal München erreichte, und das war nur rund 50 Kilometer entfernt.

Die Begegnung mit den beiden Schwestern beschäftigte mich intensiv. Einerseits fühlte ich mich inspiriert: Man darf nie die Hoffnung verlieren. Andererseits deprimierte es mich, wie viel lebendiger, mutiger, fröhlicher die beiden waren als ich. Sie hatten spontan (!) zwei Hunde übernommen. Sie waren hopplahopp nach Bad Tölz gezogen. Und ich? Das Fräulein konnte nicht mal spontan eine Breze kaufen.

Am nächsten Tag traf ich die beiden Damen wieder und ich fühlte mich so wohl mit ihnen, dass ich es mir einrichtete, sie den ganzen März täglich zu sehen. Wir setzten uns auf eine Bank, schauten den Hunden beim Spielen zu. Ich erfuhr, dass man als alter Mensch vom Tierheim gar keinen Hund bekommt. Emi begründete es: »Die gehen davon aus, dass eine wie ich den Löffel bald abgibt!«

»Ab einem gewissen Alter kriegen Sie auch keinen Kredit mehr«, fügte Luzie hinzu. »Wir hätten gern einen Kredit genommen für den Hausumbau, anstatt Aktien verkaufen zu müssen. Aber nein, dafür waren wir zu alt. Und das trotz der Sicherheiten, die wir hätten bieten können.«

»Wir hätten zu einer anderen Bank gehen sollen«, meinte Emi.

»Gut, dass wir es nicht gemacht haben. Hast du dir mal die Kurse angeschaut?«

»So was interessiert mich nicht«, sagte Emi.

Luzie erklärte mir: »Emi interessiert sich nur fürs Geldausgeben. Das Geldverdienen hat früher ihr Mann gemacht. Ich hingegen habe immer gearbeitet.«

»Sie sind wie ein altes Ehepaar«, sagte ich.

»Schlimmer, viel, viel schlimmer«, seufzte Luzie. »Wir sind Schwestern.«

Wehmütig dachte ich an meine eigene Schwester. Wie zwischen den beiden lagen nur drei Jahre zwischen uns. Doch in Wirklichkeit waren es Welten. Meine Schwester lebte ein ganz anderes Leben als ich, obwohl sie zwei Hunde hielt. Doch das war dann auch schon die einzige Gemeinsamkeit. Als Kinder hatten wir uns gut verstanden, doch dann hatten wir uns im wahrsten Sinne des Wortes auseinandergelebt. Ich hielt es für höchst unwahrscheinlich, dass wir eines Tages zusammenziehen würden, auch wenn mir die beiden Schwestern Emi und Luzie so manches Mal versicherten, dass sie das früher auch nicht geglaubt hätten. »Aber das Leben ist ein Überraschungsei, nicht wahr, Fräulein?«

Im April traf ich die Schwestern nur noch hin und wieder. Ich erfuhr, dass sie Sonne nicht so gut vertrugen und spontan mit ihren Hunden Gassi gehen würden, wann immer ihnen danach war. Am liebsten hätte ich sie gefragt, ob sie vielleicht kurz bei mir anrufen könnten, wenn sie merkten, dass es so weit war. Aber das hätte nicht funktioniert, denn ich brauchte mehr Zeit, um mich darauf vorzubereiten. Es schmerzte mich, die beiden nicht mehr so oft zu sehen, auch wegen Gonzo, der Bonnie und Claude liebte. Aber wann immer wir uns in den folgenden Wochen noch trafen, war es wirklich schön. Ich fühlte mich so wohl und angenommen bei ihnen und hörte ihnen gern zu, wenn sie von früher erzählten. Während Emi, die Jüngere, sich mit Vorliebe an ihre Vergangenheit erinnerte und über die glücklichen Jahre mit ihrem Mann sprach, die sie heute noch nährten, so nannte sie es, war Luzie mehr an der Gegenwart interessiert. Sie war zwar auch verheiratet gewesen, doch ihr Mann war ein Hallodri. Hinter ihrem Rücken hatte er eine Frau und zwei Kinder gehabt, jahrelang, bis sie ihm auf die Schliche gekommen war.

»So was merkt man doch!«, rief ich.

Nein, Luzie konnte es nicht merken, da er ja dienstlich so oft verreist war. Aber das war ihr eigentlich egal, sie hatte ihren Beruf, ihre Freunde und ohne ihn war es immer schöner gewesen als mit ihm, was sie sich allerdings erst in den letzten Jahren eingestanden hatte. »Man denkt ja immer, man muss ein Bild aufrechterhalten, dem entsprechen, was allgemein als richtig gilt, nicht wahr?«

Vieles von dem, was die Schwestern auf dem Kalvarienberg fallen ließen, war wertvoll für mich, weil sie mir eben keine Ratschläge erteilten. Sie wussten nichts von meiner Panik. Sie fanden mich zwar zu blass und zu dünn, aber das waren viele junge Leute, die ständig arbeiteten. »Wie gut, Emi, dass wir das nicht mehr müssen.«

Und Emi widersprach: »Ich musste nie arbeiten, meine Liebe.«

Einmal sagte Luzie zu Emi: »Die Vergangenheit macht einen doch nicht satt.«

Und Emi erwiderte: »Dann schaust du nur schwarzweiß in deine Vergangenheit. Ich schau in Farbe.«

Wirklich einig waren sich die beiden eigentlich nur über die Bedeutung der Hunde in ihrem Leben. Und da schloss ich mich ihnen an. Der Hund sollte mich motivieren, rauszugehen, aktiv zu bleiben. Das war meine bittere Realität. Ich ähnelte einer Frau um die 80, wobei Emi und Luzie mir locker davonliefen, was ihre Lebenseinstellung, ihren Mut, ihre Fröhlichkeit betraf. Und auch körperlich schienen sie an manchen Tagen fitter zu sein als ich. Wenn wir den Berg hinaufstiegen, schnaufte ich zuweilen am lautesten. Aber ich war ja auch sonst am Schleichen, am Ausschleichen. Daher also stammte das Wort. So schlich ich durch mein Leben, mehr Schatten als Mensch.

# 23

Dann kam der schwärzeste Tag, seit ich Gonzo zu mir genommen hatte. Denn es geschah etwas, was ich nicht für möglich gehalten hätte, obwohl es schon seit Wochen wie ein Damoklesschwert über mir schwebte. Dieser Tag war meine seelische Bankrotterklärung.

In der Nacht war ich von einem Albtraum in den nächsten getaumelt. Unzählige Male war ich mit Herzklopfen und nach Atem ringend hochgeschreckt. In dem schlimmsten Traum in jener Nacht wurde ich von einem Unsichtbaren verfolgt. Ich wusste genau, dass er mich töten wollte. Im Traum befand ich mich an einem unbekannten Ort und überall war Wasser. Zuerst nur vor dem Haus, dann auch in dem Haus, in das ich flüchtete. Ich lief Treppen hinauf, weg vom Wasser, weg von dem Unbekannten, doch das Wasser, es scherte sich nicht darum, dass es normalerweise keine Treppen hochsteigen kann, und der unsichtbare Unbekannte verfolgten mich, bis der Mann mich grausam tötete. Ich sah alles wie in Zeitlupe vor mir. Diesen Traum hatte ich dreimal hintereinander und er wurde von Mal zu Mal schlimmer. Der Morgen graute, als ich aus dem Bett sprang. Ich war klitschnass geschwitzt und atmete stoßweise. Hektisch versicherte ich mir: »Das war ein Traum. Es gibt kein Problem. Alles ist in Ordnung. Du bist in Sicherheit. Das sind nur die Ausschleicherscheinungen.«

Aber ich beruhigte mich nicht. Vielleicht war das auch der falsche Weg, vielleicht sollte ich besser Energie abbauen und es mit Aktivität versuchen. Duschen, anziehen, Futter für Gonzo rausstellen, Gassi gehen. Ich tappte zur Kommode, kramte wahllos Unterwäsche aus der Schublade, blieb irgendwo hängen, der BH-Träger riss. Egal, ich öffnete den Kleiderschrank, tastete, ohne im Flur Licht zu machen, nach Klamotten und sagte mir vor: »Weiter. So ist es prima. Einfach weitermachen. Rituale. Rituale sind gut, Rituale helfen.« Das wusste ich aus eigener Erfahrung und hatte es von vielen Therapeuten gehört. Und Therapeuten hatten ja recht. Normalerweise.

Ich duschte, zog mich an, mied den Blick in den Spiegel, kämmte mich nicht, setzte einfach eine Mütze auf und rief Gonzo zu mir: »Gonzo, komm! Gassi!« Gonzo hatte mein Treiben aus seiner Box heraus misstrauisch beäugt. War ich verrückt geworden? Wusste ich nicht, wie spät es war? Die Sonne war noch gar nicht aufgegangen! Ich versuchte, fröhlich und überzeugend zu klingen, und als ich die Wohnungstür öffnete, sprang Gonzo auf mich zu. Ich legte ihm sein Halsband um. Meine Beine zitterten so sehr, dass ich mich am Treppengeländer festhalten musste. Ich erinnerte mich an die Worte meiner Körpertherapeutin: »Wenn Sie das Gefühl haben, dass Ihre Beine Sie nicht tragen, dann treten Sie ganz bewusst auf. Zur Not stampfen Sie auf. So bekommen Sie wieder Bodenhaftung.« Um sechs Uhr morgens trampelte ich also die Treppe hinunter und hoffte, dass meine Nachbarn diese Lärmbelästigung nicht mit mir in Verbindung bringen würden. Die Frau Buburas, das war doch eine ganz Leise, Stille, Unauffällige. Ja, ja, die Frau Buburas. Tausend wilde Teufel hausten in ihr und die feierten Party.

Ich war noch keine zehn Meter von meinem Haus entfernt, da brandete die nächste Panikwelle an. Ich hatte das Gefühl, von innen heraus zu verbrennen. Ich setzte mich auf die Bordsteinkante, es war trocken, aber kalt, und versuchte, in eine normale Atmung zu kommen. Nicht für mich. Es ging doch schon lange nicht mehr um mich. Ich hatte den Kampf verloren, da brauchte ich mir nichts vorzumachen. Aber Gonzo sollte nicht darunter leiden. Ich hatte ihm ein schönes Leben versprochen und dieses Gelöbnis würde ich einhalten, auch wenn ich im Moment keine Ahnung hatte, wie ich das bewerkstelligen sollte.

Ich zwang mich weiterzugehen. Ein Schritt nach dem anderen. Und noch einer. Noch einer. Die Teufel in meinem Inneren peinigten mich. Ich brüllte ihnen entgegen: »Bla bla bla, bla bla bla.« Gedanken-Blabla ist eine von vielen Möglichkeiten, Horrorgedanken aufzuhalten. Man sagt so lange stumm blablabla vor sich her, bis das Gedankenkreisen unterbrochen wird. Leider half das diesmal nichts und es half auch nichts, dass ich den Angreifern sämtliche Schimpfwörter entgegenschleuderte, die mir einfielen. Böse hockten sie auf meinen Schultern, drückten mir mit eiskalten knochigen Fingern den Hals zu, tanzten Tango in meinen Eingeweiden. Aber ich schaffte die kleine Gassirunde, sie dauerte fünf Minuten, ein Höllenmarsch.

Mit Wackelknien, schon wieder nass geschwitzt und am ganzen Körper zitternd kehrte ich in meine Wohnung zurück. Jetzt würde es sicher besser werden. Nein, es wurde nicht besser. Nichts half, der Horror hörte nicht auf, obwohl ich sogar eine Notfalltablette zur Beruhigung nahm, auf die ich so gern verzichtet hätte im Prozess des Ausschleichens. Ich war völlig verzweifelt. Es gab keinen Plan B. Ich war am Ende. Schlotternd wartete ich bis neun Uhr, dann rief ich meine Freundin Angi an. Ich konnte kaum sprechen, so sehr schüttelte mich das Weinen. Es dauerte lange, bis ich den schlimmsten aller Sätze herausgepresst hatte. Meine seelische Bankrotterklärung, das Eingeständnis meines vollständigen Versagens: »Kannst du bitte Gonzo für eine Stunde zu dir nehmen? Ich will nicht, dass er das noch länger mitbekommt. Ich will nicht, dass er auch leidet.«

»Klar. Mach ich. Ich hol ihn gleich. Ich wollte sowieso eben Gassi gehen. Da kann er ja mit uns kommen«, sagte Angi locker.

15 Minuten später stand sie vor der Tür, drückte mir eine Tüte vom Bäcker in die Hand und riet mir, erst mal was zu essen. Gonzo begrüßte sie und Sissi begeistert und drehte sich kein einziges Mal nach mir um.

Ich legte mich auf den Boden, um in der Wirklichkeit zu landen. Ich strengte mich unendlich an, wieder zu Sinnen zu kommen, denn das war doch die Voraussetzung dafür, dass ich Gonzo behalten konnte. Ich exerzierte unzählige Methoden aus meinem Werkzeugkoffer durch. Irgendwann schlief ich vollkommen erschöpft ein. Wacklig, schwach, aber ohne Panik wachte ich nach einer Stunde wieder auf. Zittrig bereitete ich mir einen Kaffee zu, aß eine Breze und rief dann Angi an. Sie war noch mit den Hunden draußen. »Wir haben Spaß!«, rief sie ins Telefon.

»Schön«, sagte ich einerseits erleichtert, andererseits zu Tode betrübt.

»Soll ich dir Gonzo jetzt bringen oder später?«

»Bitte jetzt«, sagte ich. Ich konnte seine Heimkehr kaum erwarten. Würde er mir böse sein? Ich rief Stephanie an. Die lachte mich aus. »Wieso soll er dir böse sein, er hat doch ein Supergassi gehabt. Und das hast du ihm ermöglicht.«

»Aber wenn er sich nun denkt, dass es mit anderen schöner ist als mit mir?«

»Ja, wenn das öfter vorkommt, kann das schon passieren«, meinte Stephanie, wie immer ehrlich bis zur Schmerzgrenze. »Aber dem musst du eben entgegenwirken, damit es bei dir noch schöner ist.«

Tatsächlich bemerkte ich in den nächsten Tagen eine Veränderung in Gonzos Verhalten. Er folgte nicht mehr so gut. Auch hier wusste Stephanie Rat. »Er spürt, dass du momentan geschwächt bist. Das nutzt er natürlich aus, indem er versucht, die bereits gesetzten Grenzen neu auszuloten.«

»Das heißt, ich muss immer mit ihm kämpfen?«

»Kämpfen würde ich es nicht nennen. Es ist ein Spiel um Grenzen. So ist es doch überall. In menschlichen Beziehungen, im Job. Das ist das Leben. Es ist nicht statisch, es ist dynamisch.«

Ich nickte bedrückt.

»Mach dir mal keine Sorgen um Gonzo«, munterte Stephanie mich auf. »Der hat eine robuste Natur und ist nicht so sensibel wie du. Ich glaube nicht, dass ihn so eine vorübergehende Schwäche seines Frauchens nachhaltig beeindrucken wird.«

Vorübergehende Schwäche. Stephanie hatte mich noch nicht aufgegeben. Das tat mir gut.

»Und außerdem«, sie zwinkerte mir zu, »ist er als Hund ja nicht nachtragend.«

Leider musste ich eine Woche später die nächste Bewährungsprobe bestehen. Es fing ganz harmlos an mit einem leeren Kühlschrank. Ich sollte dringend mal wieder einkaufen gehen – kaum hatte ich das gedacht, zog es mich in die Angstspirale. Meine Gedanken überschlugen sich, kein Argument half, die Horrorszenarien in meinem Kopf wurden immer dramatischer. Ich verfiel in Schnappatmung. Meine Brustmuskulatur verkrampfte sich, sodass es mir kaum noch möglich war, Luft zu holen. Ich floh in die Küche, schloss die Tür, setzte mich auf den Boden und rief meine Betreuerin an. Ich japste ins Telefon: »Hier … ist … Tanja. Ich … kann nicht … mehr … atmen.« Verzweifelt versuchte ich, Luft zu bekommen.

Meine Betreuerin sagte: »Tanja, setz dich bequem hin, lehn dich irgendwo an. So, und jetzt langsam ein- und ausatmen. Ich geb's dir vor: einatmen … ausatmen … einatmen … ausatmen.«

Ich probierte es, doch meine Muskulatur war schon so verkrampft, dass es unendlich schwer war. Sonja sprach weiter mit mir, versuchte mich zu beruhigen, lobte mich. Plötzlich hörte ich ein Kratzen an der Tür. Gonzo schaute neugierig durch die Milchglasscheibe. Er wollte unbedingt rein, aber so sollte er mich nicht sehen. Ich wollte ihn nicht verunsichern. Als Hund brauchte er eine starke Rudelführerin, keinen solchen Waschlappen. Gonzo hörte nicht auf, an der Tür zu kratzen. So gab ich nach, ehe er sich verletzte, und ließ ihn herein. In diesem Moment fiel mir auf, dass ich wieder normal atmete. Vor Erleichterung brach ich in Tränen aus. Gonzo setzte sich auf meinen Schoß und schleckte meine Tränen weg. Da musste ich lachen.

»Tanja?«

»Ja!«

»Was ist passiert? Lachst du?«

»Ja!«

»Darf ich … mitlachen?«

»Gonzo hat mich repariert«, platzte ich heraus.

# 24

Gonzo musste mich noch einige Male reparieren und er wurde niemals müde, meine lockeren Schrauben festzuziehen, nein, festzuwedeln. Als der Sommer Einzug hielt, sah ich endlich Licht am Ende des Tunnels, nicht nur einen Hoffnungsschimmer, sondern den Ausgang, der immer größer wurde. »Bald haben Sie es geschafft«, machte mir auch mein Psychiater Mut. »Und dann können Sie wirklich stolz auf sich sein.«

Ja, das war ich. Das Ausschleichen der Medikamente gehört für mich zu den größten Leistungen, die ich je vollbracht habe. Und als ich merkte, dass sich dieser quälende Prozess dem Ende zuneigte, fühlte ich mich wie ausgewechselt. Ich hatte wieder Spaß am Leben, traute mir neue Herausforderungen zu, konnte die Besuche meiner Betreuer reduzieren, ging allein einkaufen und meine Spaziergänge mit Gonzo wurden lang und länger. Auch Gonzo liebte den Sommer und konnte gar nicht genug Wärme tanken. Auf unserem Balkon legte er sich in die pralle Sonne, sodass man auf seinem Rücken Spiegeleier hätte braten können. Mit kaum noch Medikamenten im Körper musste ich die Sonne auch nicht mehr meiden und zu meiner großen Freude merkte ich, dass ich sie gut vertrug. Ich war wieder im Licht! Und diesmal würde ich auch drin bleiben! Im Herbst würde ich dann auch die letzte Stufe der Reduzierung hinter mich gebracht haben.

Manchmal fragten mich nun Bekannte, die ich aus der Reha kannte, nach meinen Erfahrungen mit dem Ausschleichen. Ich wusste nie so recht, was ich sagen sollte. Ich war durch die Hölle gegangen, insofern müsste ich anderen abraten, sich das anzutun. Aber jetzt hatte ich es geschafft und konnte jedem nur zuraten. Schließlich sagte ich: Es ist sehr, sehr hart, aber es lohnt sich. Und das war die Wahrheit. Ohne Gonzo hätte ich das alles allerdings nie geschafft. Der kleine Seelenmechaniker hatte ja schon vor dem Absetzen der Tabletten damit begonnen, mich zu einem »normalen« Menschen zu machen.

Als ich wieder einmal mit Gonzo unterwegs war, machten wir es uns auf einer Wiese bequem. Ich ließ Gonzo an einem verblühten Löwenzahn schnuppern, dann hielt ich die Pusteblume hoch und blies hinein. Gonzo war sofort fasziniert und versuchte, die einzelnen Sporen, die an Fallschirme erinnerten, zu fangen. Es sah urkomisch aus und ich musste lachen. Gonzo wollte noch mal. Und ich erst recht. So saßen wir auf der Wiese, ich blies Pusteblume, lachte und Gonzo wedelte wie verrückt. Irgendwann nahm ich aus dem Augenwinkel eine Bewegung wahr. Ich drehte den Kopf und sah einen Jogger, der am Wiesenrand grinsend auf der Stelle lief. Er beobachtete uns wohl schon eine Weile. Ich fühlte mich ein wenig ertappt, aber dann blies ich frech einen Schwall Fallschirme in seine Richtung. Er winkte mir zu und lief weiter, wobei mir seine trainierten Waden auffielen. Braun gebrannt und muskulös, wie der ganze Mann. Hübscher Kerl, sagte ich leise zu Gonzo. Was der natürlich auf sich bezog.

Abends erzählte ich Michaela von der Begegnung und

da umarmte sie mich spontan. »Jetzt glaube ich wirklich, dass du über den Berg bist.«

Fragend schaute ich sie an.

»Na, du guckst nach einem Mann.«

»Nein, nein!«, wies ich sofort zurück. »Ich habe lediglich zwei Waden bewundert.«

»Du wirst schon noch höher schauen«, grinste sie breit.

Das konnte ich mir im Moment allerdings beim besten Willen nicht vorstellen. Für eine Beziehung hatte ich gar keine Zeit. Durch meinen langen Aufenthalt im Tunnel war so viel liegen geblieben. Nicht nur, was meine Arbeit für Stephanie betraf, auch meine Zukunftsperspektiven hatte ich schleifen lassen während des Ausschleichprozesses.

Bevor ich mit der Reduzierung der Medikamente begonnen hatte, war ich in Kontakt mit einer Gruppe von Leuten, die ein EX-IN-Projekt starteten. Der Begriff steht für »experienced involvement« und das Projekt soll Psychiatrie-Erfahrene qualifizieren, um als Dozenten oder als Mitarbeiter in psychiatrischen Diensten tätig zu werden. Psychiatrie-Erfahrene verfügen ja über ein großes Wissen, sie haben sozusagen »Expertenwissen aus Erfahrung«. In diesem Projekt wollte ich gerne mitarbeiten. Durch meine Praktika hatte ich die professionelle Seite bereits kennengelernt. Und ich selbst hatte ja auch viel Zeit im Irrgarten verschiedener Behandlungsmethoden verbracht und mich dabei fast verloren. Man könnte sagen, was Krankheit betraf, war ich ein Profi. Als solcher wollte ich verhindern, dass es anderen genauso erging. In Verbindung mit tiergestützter Therapie und noch einigen weiteren Bausteinen sah ich hier meine berufliche Aufgabe für die Zukunft. Ich würde meine Fähigkeiten als Kommunikationswirtin und Marketingexpertin in einer sozialen Organisation einsetzen, um anderen zu helfen. Die Besprechungen mit dem Team des EX-IN-Projektes beflügelten mich geradezu und brachten mich auf weitere Ideen, auch für meinen Angstblog.

»Aber übernimm dich nicht«, warnte mich meine Betreuerin.

Nein, das würde ich ganz bestimmt nicht. Denn wenn ich etwas gelernt hatte in all den Jahren, dann, dass ich mich nicht überfordern durfte. Es gibt eben Menschen, die sind sehr belastbar, und andere, die sind es weniger. Ich habe mit wertvollen Jahren meines Lebens dafür bezahlt, dass ich damals in Berlin über meine Grenzen gegangen bin, so sehe ich das heute. Ich habe nicht von meiner Substanz gelebt, nicht vom Haben-Konto, sondern auf Pump. Ich habe meine Kräfte überschätzt und mich selbst nicht gut geschützt, ja nicht mal ernst genommen, als es losging mit den Panikattacken. Und das hat sich gerächt. Nun achtete ich stets gut darauf, mir nicht zu viel zuzumuten. Ich habe Nein sagen gelernt und Gonzo bestätigt mich in dieser Haltung Tag für Tag. Denn ein Nein zu anderen bzw. etwas anderem ist oft ein Ja zu ihm. Und wenn ich mit ihm draußen bin, dann finde ich immer wieder zurück zu meiner Mitte. Meine Mitte ist nicht mehr in meiner Wohnung, sie ist dort, wo ich bin. Zu Beginn hatte Gonzo die Navigation übernommen, jetzt steuere ich selbst. Gonzo ist mein … Seelenwaschprogramm. Auch wenn ich es nicht ausstehen kann, wenn mich seine Schlabberzunge erwischt.

Trotz aller Dankbarkeit für dieses liebe Geschöpf, das

mein Leben wieder schön machte, war ich mir immer darüber bewusst, dass Gonzo zu klein ist, um die Verantwortung für das Gelingen meines Lebens zu tragen. Deshalb nahm ich zaghaft manche meiner Hobbys von früher wieder auf, die so lange brachgelegen hatten, weil ich die Wohnung nicht verlassen konnte. Als ich das erste Mal wieder beim Tanzen war, liefen mir Tränen des Glücks über die Wangen. Und als ich mit Michaela zu einem Lach-Yoga-Workshop ging, lachte ich Tränen. All diese Fortschritte machten mich immer stärker.

Als meine Mutter mich fragte, ob ich einen Geburtstagswunsch hätte, erwiderte ich ohne zu zögern: ein Fahrrad. Sie war sehr gerührt. Ein Fahrrad hatte ich mir schon einmal gewünscht. Als Fünfjährige. Und irgendwie stand ich ja jetzt auch wieder am Anfang meines neuen Lebens, das so bunt und herrlich war, dass mich immer wieder das Bedürfnis überkam, mich irgendwo zu bedanken. Zwar war ich noch immer nicht panikfrei, es gab nach wie vor Attacken, mal kleinere, mal größere, aber mit denen kam ich klar.

Auch Gonzo wunderte sich vielleicht, wie sich unser Leben veränderte. Er musste nun nämlich ebenfalls Fahrrad fahren. Nachdem ich mit Stephanie gesprochen hatte, kaufte ich einen Fahrradkorb für ihn. Allzu lang sollen Hunde nicht neben dem Fahrrad herlaufen und ich plante lange Touren, wozu ich Gonzo allerdings sattelfest, sprich korbfest, machen musste. Ich stellte den Korb vor Gonzo auf den Boden und ließ ihn von sich aus darauf zugehen. Da Gonzo nicht gerade schüchtern ist, schnupperte er sofort an dem komischen Ding. Ich legte ein Handtuch hinein, darauf ein Leckerli: »Hol's dir!« – und schon sprang er hinein. Wir wiederholten das Ganze und nach einigen Malen blieb Gonzo im Korb sitzen. Später probierte ich, Gonzo im Korb sitzend hochzuheben. Das Schaukeln schreckte ihn nicht. Und dann kam der spannende Moment, in dem ich den Korb am Gepäckträger festmachte und Gonzo hineinsetzte.

An einem heißen Augusttag brachen wir auf zu unserer ersten Tour. Gonzo war ebenso begeistert wie ich von dieser Freiheit. Der Fahrtwind strich über meine Haut, Gonzos rosa Zunge hing aus seinem Maul, neugierig schnupperte er in der Luft. Wie schnell die Impressionen an uns vorbeizogen! Als wir am Weiher anlangten, hier war ich Jahre nicht gewesen, setzte ich Gonzo behutsam ins Gras und knuddelte ihn. »Geschafft! Wir haben es geschafft, Gonzo!«

Gonzo fand das nicht besonders erwähnenswert. Er hatte jetzt auch keine Zeit für Liebesbekundungen oder Wehmut. Hier gab es eine Menge zu tun für ihn. Erst mal die Lage checken. Er senkte die Nase auf den Boden und rannte los. Ich breitete die Decke aus, später war Gonzo müde und hielt ein Nickerchen neben mir. Noch später schwammen wir zusammen. Dann machte er noch ein Nickerchen und ich hielt Wache. So wie damals an der Isar mit Benny.

## 25

Zwei Wochen später war ich mit Gonzo tatsächlich dort, wo ich früher so oft mit Benny durchs Unterholz strawanzt war. Stephanie besuchte eine Freundin in Wolfratshausen und hatte mich, Gonzo und mein Fahrrad in ihren VW-Bus eingeladen. Wir verabredeten einen Treffpunkt für die Heimfahrt. Ich hatte zwar Herzklopfen bei dieser Unternehmung, doch keine Panikattacke. Und selbst wenn eine anrollen würde, pah! Ich würde sie wegschubsen. Ich hatte den Kampf gegen die Ausschleicherscheinungen gewonnen, ich war tablettenfrei! Was sollte mir da noch passieren! Ich konnte mit Höhen und Tiefen umgehen, auch wenn es manchmal noch ein wenig holperte. Also würde ich auch eine mehrstündige Isartour mit Gonzo bewältigen. So lange war ich nicht mehr hier gewesen! Und so vieles hatte sich verändert. Und war doch gleich geblieben.

Unser Ausflug begann an einem Aussichtspunkt. Von dort liefen wir Richtung Wasser. Gonzo erkundete schwanzwedelnd die Umgebung. Das letzte Hochwasser hatte seine Spuren hinterlassen. Die Isar wird auch »die Reißende« genannt. Nach heftigen Regenfällen zeigt sie ihre ganze Kraft. Viele entwurzelte Bäume lagen am Ufer und trieben zum Teil noch im Fluss. Es faszinierte mich, wie die Auen immer wieder ihr Gesicht veränderten. An manchen Stellen roch es modrig und schlammig. Ich rief

Gonzo, der seinem neuen Lieblingshobby »Grashüpferjagen« nachging. Und dann begann unser Ausflug.

Es war immer noch nicht normal für mich, so mobil und frei zu sein. Deshalb fühlten sich Unternehmungen und Ausflüge oft an, als würde ich so etwas zum ersten Mal machen. Auch an diesem Tag. Die Strecke war sehr abwechslungsreich und ich erkannte viele schöne Stellen wieder. Andere waren für immer verschwunden. Aber ich konnte neue Geheimplätze finden. Jetzt stand mir ja die ganze Welt wieder offen. Ich pflückte einen Strauß wilder Wiesenblumen, den ich mit einem feuchten Tempo umwickelte und in meinen Fahrradkorb legte. Manchmal weinte ich ein bisschen. Meine Freiheit war reißend wie die Isar und manchmal riss sie mich mit.

Gonzo war begeistert von unserem Ausflug. Erst nachdem er sich eine Stunde lang müde getobt hatte – er durfte immer wieder mal neben und vor dem Fahrrad herlaufen – hatte er offene Ohren für meine Geschichten von früher. »Weißt du, Gonzo. Benny und ich sind hier auch immer entlanggeradelt.«

Kann schon sein, schien Gonzos schräg geneigter Kopf anzudeuten, aber das sind doch olle Kamellen.

»Ich war sehr glücklich hier an der Isar.«

Und was hindert dich daran, es jetzt zu sein?

»Nichts hindert mich.«

Na, dann komm doch mal im Jetzt an, anstatt dauernd irgendwas zu denken.

»Das sind eben Erinnerungen.«

Ja, aber die kosten Zeit. Riechst du nicht, wie saumäßig interessant das hier ist?

»Äh, nein.«

Menschen eben.

Ja, Menschen. Und die wollten dann auch noch eine Rast machen. Ich breitete meine mitgebrachte Decke in einer kleinen Kiesbucht aus, aß meine Brotzeit und dann streckte ich mich genüsslich aus und las meinen Schwedenkrimi weiter. Gonzo hielt, den Kopf auf meinem Fuß, ein Nickerchen. Wenn Schlauchboote vorbeikamen, schreckte er anfangs noch hoch, später hob er nur noch kurz den Kopf. Isarrafting ist beliebt, es gibt viele Stromschnellen zu meistern und im Sommer kann man als Zaungast am Ufer einiges erleben. Stephanie rief mich an und erkundigte sich, ob alles in Ordnung sei. Das fand ich sehr lieb. Und dann schlief ich wohl auch ein, denn als ich aufwachte, wusste ich zuerst nicht, wo ich mich befand. Gonzo bellte wie verrückt. Ein Kanu legte am Ufer an.

»Gonzo, still!«

Er bellte weiter.

Aus dem Kanu stieg ein Mann. Er war schlank, mehr konnte ich nicht erkennen. Dann zog er die Schwimmweste aus und nahm den Helm ab. »Ist es okay für dich, wenn ich hier anlege?«, rief er mir zu.

Er sprach wie einer aus dem Norden.

»Ja, klar«, sagte ich locker.

Gonzo bellte weiter, dann raste er auf den Mann zu. Der hatte keine Angst vor dem wilden Kerl. Lachend spielte er mit ihm und gab mir die Gelegenheit, ihn genauer zu betrachten. Er sah verdammt gut aus. Groß, sportlich, tolle Figur, mittelblonde verwuschelte Haare, leicht gelockt mit Goldschimmer, ein schönes, offenes und markantes Gesicht. Bestimmt hatte er blaue Augen. Ja, hatte er.

»Gonzo, nicht hochspringen!«, rief ich.

Der Mann lachte: »Gonzo? Wie aus der Muppet Show?«

Ich stotterte: »Ja, nein, also nicht wirklich. Den Namen hatte er schon und eigentlich hieß er ursprünglich Bonzo.«

Fragend schaute der Mann mich an.

Ich winkte ab: »Längere Geschichte.«

Der Mann kam näher. »Ich mag längere Geschichten«, sagte er. Dann streckte er mir seine Hand entgegen. »Ich heiße Ben.« Die Hand war kräftig und kalt vom Isarwasser. Ich musste lachen. Diese förmliche Begrüßung passte so gar nicht zu dem Kanu. Dann sagte ich »Tanja« und fragte ihn einfach, ob er mit auf meine Decke wollte. Dass das schon fast wie »unter meine Decke« klang, merkte ich erst, als ich es gesagt hatte. Ben schien es nicht aufzufallen. Er holte eine kleine wasserdichte Tonne aus seinem Kanu und packte seine Brotzeit aus, von der er mir großzügig anbot. Während ich die Einladung ausschlug, nahm Gonzo sie gern an. Ausnahmsweise erlaubte ich es. Ich war völlig verwirrt. Plötzlich saß ich mit einem wildfremden Mann auf einer Decke an der Isar, dort, wo ich früher mit Benny ... Schaute Gonzo mich da warnend an? Okay. Im Jetzt bleiben ... Dort war es wunderschön.

Ben verweilte eine knappe Stunde bei mir und Gonzo auf der Decke. Er stammte tatsächlich nicht aus Bayern, sondern aus Nordfriesland, war Geologe und arbeitete zurzeit in Wolfratshausen. Heute war sein freier Tag.

»Hast du Lust, mal mit mir Kanu zu fahren? Dann würde ich ein größeres besorgen.«

Wir tauschten Telefonnummern. Beim Abschied zeigte er auf den Strauß mit meinen Wiesenblumen. »Schön!«

Ich schenkte ihm eine blaue Blume, die er sich grinsend hinters Ohr klemmte.

Während der Heimfahrt mit Stephanie kannte ich nur ein Thema und auf einmal waren wir bei mir zu Hause und ich hatte keine Sekunde Enge verspürt. Stephanie freute sich mit mir, obwohl ich immer wieder das Gleiche sagte: dass ich absolut spontan reagiert hatte, dass ich mich wie eine gesunde Frau verhalten hatte, dass ich Ben nichts von meiner Panik erzählt hatte.

»Warum auch?«, warf Stephanie ein.

Ja, warum auch? Olle Kamellen ... Das stimmte zwar nicht, aber die Angst rückte immer mehr in den Hintergrund.

Ben rief mich am nächsten Vormittag an und lud mich zum abendlichen Eisessen ein.

»Gern«, sagte ich locker. Kaum hatte ich aufgelegt, zitterten meine Hände. Ich kann jederzeit absagen, beruhigte ich mich.

»Das wirst du nicht tun«, sagte Angi, mit der ich mittags spazieren ging. »Sonst fessle ich dich und liefere dich persönlich an der Eisdiele ab.«

Vor Aufregung konnte ich tagsüber nichts essen. Ich horchte ständig in mich hinein, ob ich gleich eine Panikattacke bekäme, ob ich mich vielleicht überforderte.

»Reg dich ab«, meinte Michaela am Telefon. »Du hast ein Rendezvous, da ist Nervosität völlig normal. Gerade wenn man in so was keine Übung mehr hat. Du bekommst keine Panikattacke, du bist einfach nur aufgeregt.«

Völlig normal, einfach nur nervös, wurde mein Mantra in den darauffolgenden Stunden. Und dann kam die nächste Krise: Was sollte ich anziehen? Weitere Telefonate mit Michaela und Angi folgten. Zwischendurch sagte ich mir vor, dass es keinen Grund zur Panik gab, ich hatte nur eine Verabredung zum Eisessen, ich würde nicht sterben, ständig verabredeten sich auf der Welt Frauen mit Männern zum Eisessen, dabei bestand in der Regel keine Todesgefahr. Doch als ich Ben vor der Eisdiele stehen sah, war ich einem Herzinfarkt nahe: helle Leinenhose, mintgrünes Polohemd, strahlendes Lächeln, leuchtend blaue Augen. Er entdeckte mich, freute sich, lief mir entgegen und breitete die Arme aus. Als er mich an sich zog, schloss ich die Augen. So etwas hatte ich lange nicht mehr erlebt. Wie kräftig er war. Und so warm. Dann war unsere Berührung auch schon vorbei und Ben begrüßte Gonzo. Länger als mich, wie ich nicht ohne Bedauern feststellte. Dann fragte er mich, ob ich mich ins Café setzen wollte, aber das hätte mich vielleicht gestresst. Mir war eine Eistüte lieber. Ben auch. »Dann können wir mit Gonzo an der Isar entlanggehen.« Und genauso machten wir es. Irgendwann sah ich mich – uns – von außen: einen Mann, eine Frau, einen Hund. Die drei genossen den lauen Sommerabend, die letzten Strahlen der untergehenden Sonne und aßen ihr Eis. Der Mann legte den Arm um die Frau. Ein schönes Paar.

Leider gelang es mir nicht, mich diesem Moment ganz zu überlassen, denn immer wieder schoss es mir durch den Kopf, dass ich doch gar nicht mehr wusste, wie so was ging. Mit einem Mann reden. Flirten. Zusammen sein. Ich war jetzt zwar oft unter Menschen, doch in meinem neuen Job bei Stephanie hatte ich vor allem mit Frauen zu tun. Es gab fast nur Hundetrainerinnen und Dozentinnen und natürlich war die Kundschaft überwiegend weiblich. Ich hatte den Kontakt zum anderen Geschlecht ein wenig verloren. Und das bedauerte ich. Ich dachte an meine zurückliegenden Beziehungen. Doch Ben und Gonzo holten mich immer wieder in die Gegenwart zurück. Ben machte es mir überhaupt sehr leicht. Dass ich mich so wohlfühlen konnte mit einem eigentlich fremden Mann! Da fragte er mich: »Du, sag mal, kann es sein, dass du vor ein paar Wochen mal in Bad Tölz mit Gonzo auf einer Wiese mit verblühtem Löwenzahn gesessen hast?«

Die Waden! »Das warst du?«, rief ich.

Er lachte. »Es ist mir heute Morgen eingefallen. In der Planungsphase meines Projektes war ich vor zwei Monaten für einige Tage in Bad Tölz. Meine Pension war am Kalvarienberg. Da habe ich dich, glaube ich, zum ersten Mal gesehen.«

»Ja, das war ich«, bestätigte ich.

Also doch, lachte er. »Aber ehrlich gesagt habe ich mich mehr an den Hund erinnert. Vielleicht habe ich auch deswegen bei euch Pause gemacht. Also, unterbewusst. So einen wie Gonzo vergisst man ja nicht.«

Damit eroberte er mein Herz noch ein Stück mehr – was er jedoch gar nicht tun sollte. Denn bald schon würde er zurück nach Husum fahren. Dort hatte er ein Haus, seine Familie und Freunde, seine Firma, sein Leben.

»Nimm mit, was geht«, riet mir Michaela.

Aber ich hatte Angst. Wenn ich mich nach so langer Zeit verliebte, wollte ich nicht gleich in mein Unglück rennen. Ich sorgte mich, zu viel von mir zu fordern. Zu viele Gefühle?

»Probieren Sie es aus«, riet mir mein Therapeut. Und dann sagte er etwas, das mich überzeugte: »Mit Ben können Sie Beziehung üben, aber Sie müssen sich nicht verpflichten.«

Ich starrte ihn an. Das war es!

»Probieren Sie es aus«, machte er mir Mut.

Ja, so verlief mein Leben nun. Ich probierte es einfach aus, anstatt es kontrollieren zu wollen. Und siehe da: Es funktionierte! Ich machte sogar etwas vollkommen Verrücktes, etwas total Durchgeknalltes: Ich tat so, als wäre ich normal. Ich sagte Ben nichts von der Panik. Ich gab vor, gesund zu sein, und Ben schien es mir zu glauben. Es klappte! Und wenn ich doch mal einen Hänger hatte, lag das am Wetter oder ich hatte was Falsches gegessen. Dann sagte Ben: »Ja, das war bestimmt die Pizza vorhin. Mir ist auch ein wenig flau.«

# 26

Ende September flog Ben zurück in seine Heimat. Er hatte es mir leicht gemacht – oder die Umstände hatten es mir leicht gemacht –, denn er hatte wenig Zeit, da er sein Projekt termingerecht abwickeln musste. Ja, ich war verknallt, aber ich kam gut ohne ihn zurecht. »Buch es ab als Sommeraffäre«, riet mir Michaela.

»Ja«, sagte ich, aber ich war mir noch nicht sicher. Denn vielleicht würde Ben Weihnachten wiederkommen. Zum Snowboardfahren. Das sollte ich ihm beibringen, denn bei ihm da oben gab es ja keine Berge.

»Klar bringe ich dir Snowboarden bei«, hatte ich locker gesagt, wie es sich für eine normale Frau gehörte. Vielleicht sollte ich mir vorher mal die Gegebenheiten ansehen. Auf dem Brauneck war ich lange nicht mehr gewesen.

»Was meinst du, Gonzo?«, fragte ich ihn eines Morgens. »Wollen wir mal die Lage checken, bevor Ben wiederkommt?«

Wenn Gonzo »Ben« hörte, spitzte er die Ohren. Ich glaube nicht, dass er den Mann, der immer so toll mit ihm spielte, damit verband, wahrscheinlich sprach ich seinen Namen nur besonders verheißungsvoll aus. Und es motivierte mich ja auch. Selbst wenn ich nicht an unsere Zukunft glauben wollte. Ich wollte mich emotional nicht an einen anderen Menschen binden, ich musste zuerst noch mehr Wurzeln in mir selbst schlagen. Außerdem wäre mir eine Fernbeziehung zu stressig und Stress musste ich meiden.

Stephanie rief an und fragte mich, ob ich am späten Nachmittag Zeit hätte, um ein neues Konzept zu besprechen.

»Wenn ich dann schon wieder zurück bin«, sagte ich.

»Was hast du denn vor?«

»Ich will mit Gonzo aufs Brauneck«, sagte ich locker.

»Aufs Brauneck!«, rief Stephanie.

In diesem Moment fiel mir ein, dass sie mich bei unserem allerersten Treffen nach meinem größten Wunsch gefragt hatte. Hatte ich da nicht vom Brauneck gesprochen? »Mal sehen, was sich da oben alles so verändert hat«, erwiderte ich lockerer, als ich mich fühlte. Irgendwie begriff ich erst jetzt, was ich plante.

»Na dann, viel Spaß«, wünschte Stephanie mir.

»Den werd' ich haben«, sagte ich und dachte, dass man das durchaus unterschiedlich deuten konnte.

Es war ein herrlicher Spätsommertag, Wanderwetter wie aus dem Bilderbuch. Ein Hauch von Melancholie lag in der dunstigen Luft, und wenn man genau hinschaute, konnte man überall die silbrig glänzenden Fäden der Spinnen sehen. Auch dies gehörte zum Altweibersommer, denn alte Frauen hatten früher lange silbrige Haare. Heute färben die meisten Frauen ihr graues Haar. Ich war gespannt, wie ich mich mal entscheiden würde. Aber bis dahin hatte ich ja wohl noch ein paar Jahre Zeit. Und auch die Bäume hatten noch viel Zeit, ehe sie ihre Blätter verlieren würden, sie färbten sich gerade erst rötlich, orange und gelb. In einigen Wochen würden die Hänge am Brauneck rostrot glänzen und abends würde der ganze Berg brennen. Und ich könnte dabei sein, so nah ich wollte, nicht nur von meinem Balkon aus.

Stephanie war so lieb, mich zur Seilbahn zu fahren. Als ich mit Gonzo aus ihrem Auto stieg, merkte ich allerdings, dass ich schon ein bisschen aufgeregt war. Aber Aufregung war doch etwas ganz Normales. Es gab viele Leute, die sich nicht trauten, mit einer Gondel zu fahren, weil sie glaubten, sie könnte abstürzen. Es gab auch Leute mit Höhenangst, die konnten gar nicht ins Gebirge.

Stephanie wendete auf dem kleinen Parkplatz an der Talstation und wollte gerade wegfahren, da winkte ich ihr. Sie öffnete das Fenster.

»Du kneifst jetzt aber nicht?«, fragte sie scherzhaft.

»Können Hunde auch Höhenangst haben?«, fragte ich sie atemlos.

»Probier's aus«, lachte sie. Und dann war sie wirklich weg.

In der milden Vormittagssonne schlenderte ich mit Gonzo Richtung Kassenhaus. Ich kam mir vor wie eine Touristin und staunte, wie viel sich hier verändert hatte. Es gab jetzt sogar einen Hochseilgarten. Da schoss es mir durch den Kopf: Dort muss ich unbedingt mal hin. Dann erst nahm ich wahr, was ich gedacht hatte, und wie so oft, wenn sich in meinem Innenleben nun etwas Normales abspielte, überkam mich eine tiefe Dankbarkeit und Freude. In Berlin war ich gelegentlich in Kletterhallen gewesen. Ob Ben wohl auch kletterte? Das ist egal, dachte ich mir. Ich mach das für mich. Oder lieber doch nicht? Denn wohin mit Gonzo, wenn ich in den Seilen hing? Ich kniete mich vor ihn und versprach ihm: »Ich fang nichts an, wozu ich dich nicht mitnehmen kann.«

Dann drehte ich mich langsam einmal um die eigene Achse. Es kam mir vor, als wäre mein letzter Besuch hier in einem anderen Leben gewesen. Von diesem Gefühl hatte ich schon oft gehört und es selbst auch einige Male in anderen Situationen erlebt. Es ist eine Nebenwirkung der Erkrankung. Man hat Erinnerungen an die Zeit vor der Krankheit, doch sie verblassen. Gonzo winselte. Wahrscheinlich wollte er jetzt endlich mal losrennen. Ich deutete seine Äußerung als Aufregung. Das war mir lieber, als mir meine eigene Anspannung einzugestehen. »Das schaffst du schon«, sagte ich zu ihm. »Gondel fahren ist total ungefährlich. So wie Auto fahren, nur in der Luft. Und man hat eine ganz tolle Aussicht. Diese Angelegenheit ist überhaupt kein Grund, nervös zu werden. Die Gondel fährt ständig rauf und runter, das ist Routine, die können das. Und schau mal, die Leute da vorne. Die wollen alle mit. Die wären ja doof, wenn das gefährlich wäre. Verstehst du, Gonzo? Wir sind komplett im grünen Bereich.«

Gonzo wedelte. Da musste ich mithalten, wenn auch nicht wedelnd, so doch zuversichtlich. Aber man konnte ja erst mal ein wenig die Örtlichkeiten inspizieren, wenn man so lange nicht mehr hier gewesen war. Mit Gonzo an der Leine spazierte ich auf dem Gelände herum. »Ja, schau dir alles nur ganz genau an, damit du merkst, dass das total ungefährlich ist«, ermunterte ich ihn. »Ich weiß, auf Zypern gibt es keine Gondeln. Aber hier in Bayern gehören sie nun mal dazu.« Aus den Augenwinkeln beobachtete ich die Gondeln, die geräuschlos den Hang emporglitten. Es waren kleine graue Kabinen, rundum Fenster, maximal vier Passagiere wurden in einer Gondel befördert. Wenn ich Glück hatte, bekam ich eine für Gonzo und mich allein, so viel Andrang herrschte im Moment nicht.

»Pack ma's«, gab ich die Parole aus.

Gonzo hob auf dem Weg zur Kasse wie zur Bestätigung mehrfach sein Beinchen. Revier markiert, meins. Gut so. Dann war zumindest die Kabine vor ihm sicher. Ich grinste bei der Vorstellung, oben an der Bergstation um einen Lappen und Wasser zu bitten und dann erst mal die Gondel zu feudeln. Als ob Gonzo schon mal so was passiert wäre. In Gedanken entschuldigte ich mich bei ihm.

Einige Meter vor der Talstation zögerte ich und holte mir erst mal einen Wanderflyer für die Gegend. Ich studierte ihn, als wäre ich wirklich eine Touristin. Gonzo wurde ungeduldig. Was standen wir hier so blöd in der Gegend rum?

»Hast ja recht«, sagte ich zu ihm und dachte so intensiv wie möglich an Dampfnudeln. Die würde ich mir nämlich oben auf der Hütte gönnen. Wenn es »meine« Hütte überhaupt noch gab.

Schwanzwedelnd lief Gonzo leider nicht manierlich an der Leine neben mir, sondern zog nach vorne. Woher wusste der immer so genau, wohin ich eigentlich nicht wollte? Über eine Treppe betraten wir einen Holzbalkon, der um das Gebäude herum zur Kasse führte. Der Boden war mit einem dicken Gumminoppenbelag ausgelegt, der Gonzo zuerst irritierte, dann erfreute. Noch federnder wirkte sein Gang, noch unternehmungslustiger der kleine Kerl. Als würde er auf einem roten Teppich laufen. Das Summen und Rauschen der Gondeln interessierte ihn nicht.

Es war viel leiser, als ich angenommen hatte. Ich verspürte keine Panik wie damals beim U-Bahn-Fahren. Alles war licht und hell gestaltet und ich war ja freiwillig hier. Nicht irgendeinem Therapeuten zu Gefallen, weil das auf unserem Stundenplan stand. Ich wollte auf den Berg, mit Gonzo. Ich wollte oben stehen und hinunterschauen. Vielleicht würde ich sogar mein Haus in Bad Tölz sehen können. Ganz so souverän, wie ich vielleicht wirkte, fühlte ich mich allerdings nicht. Meine Knie waren weich und meine Hände feucht, egal, wie konzentriert ich mir einredete, dass Gondelfahren total schön war, dass ich das schaffen würde. Ich beobachtete andere Fahrgäste, die sich verhielten, als würden sie für ein Kilo Äpfel anstehen. Es ist völlig normal, mit einer Gondel auf einen Berg zu fahren, sagte ich mir vor. Zumal ich ja kein eigenes Auto hatte, fügte ich in Gedanken hinzu und musste dann grinsen über diesen Unsinn.

Gonzo musterte mich prüfend. Ich ging in die Knie und knuddelte ihn. Doch die Berührung mit seinem struppigen Fell beruhigte mich nicht wirklich. Meine Aufregung wuchs. Die Gedanken flogen wie Pingpongbälle hin und her: Gleich bist du dran und wenn du eingestiegen bist, gibt es kein Zurück mehr. Dann kannst du nicht einfach aussteigen. Das ist wie ein Sarg und er fährt direkt in die Hölle. Jemand aus der Gruppe vor mir lachte laut und gleich fielen die anderen mit ein. Die hatten Nerven! Ich atmete einige Male tief ein und aus, betrachtete Gonzo, der einfach bloß neugierig war auf das, was nun folgen würde. An ihm wollte ich mir ein Beispiel nehmen.

Vor der Kasse gab es eine kleine Schlange, dann war ich dran und bezahlte. Gonzo durfte ohne Entgelt mit.

Mit dem Ticket in der Hand stand ich unentschlossen vor der Kasse, irgendjemand schob von hinten. »Woin Sie hier Wurzeln schlogn?«

Nein, das wollte ich ganz bestimmt nicht. Ich trat vor, hielt mein Ticket an den Scanner und dann ging alles so schnell, dass mir keine Zeit blieb nachzudenken. Die Gondeln schwebten durch die kleine Halle, um diese Uhrzeit fuhr noch niemand hinunter. Jeweils vier Personen stiegen ein, die Tür schloss sich, langsam fuhren die Gondeln weiter und auch beim Schwungholen wirkten sie eher gemütlich als Furcht einflößend.

Die Gruppe vor mir nahm Platz. Ich zögerte kurz und spürte den Blick des Mannes auf mir, der in einem Glaskasten saß und das Einsteigen der Gäste beobachtete. Er schaute suchend zu den anderen Passagieren. Glaubte er womöglich, ich wartete auf jemanden, oder wollte er mir Mitfahrer zuweisen? Ich packte Gonzo und stieg ein. Die Tür schloss sich. Ich war so beschäftigt damit, Gonzo auf den Boden zu setzen und ihm zu erklären, dass er keine Angst zu haben brauchte, dass alles völlig normal war, dass wir jetzt einen tollen Ausflug auf einen Ausläufer der Benediktenwand machen würden, dass ich erst aus dem Fenster schaute, als wir schon ein paar Meter über dem Boden schwebten. Vom Aufschwung hatte ich gar nichts mitbekommen. Mit Staunen stellte ich fest, dass in der Gondel alles halb so schlimm war mit den Fenstern rundherum. Ich fühlte mich nicht eingesperrt, ganz anders, als ich es mir vorgestellt hatte, anders als in dem engen U-Bahn-Tunnel damals.

Gonzo hob seinen Kopf und schnupperte interessiert. Ich setzte ihn mir auf den Schoß. »Schau mal, da fahren wir hin«, ich zeigte auf einen Stein unter einem Stahlträger, dem wir uns näherten: Grüß Gott am Brauneck. »Was mute ich dir alles zu. Brauchst keine Angst zu haben, kleiner Gonzo. Es dauert gar nicht lang, gleich sind wir oben.« Und so redete ich weiter auf meinen Hund ein, der, wie ich mir im Nachhinein denke, überhaupt keine Angst hatte, sondern einfach nur neugierig war. Aber vielleicht brauchte ich in diesem Moment das Gefühl, ich müsste ihn beschützen. Denn es war ja viel einfacher, Gonzo zu beschützen als mich selbst. Und wenn ich ihn beschützte, wuchs ich über mich selbst hinaus und wurde so groß, dass ich auch besser für mich sorgen konnte.

Höher und höher schwebte die Gondel, kleiner wurden die Häuser, die Landschaft. Zuerst wagte ich kaum, richtig hinzuschauen, durch die Höhe war mir ein wenig schwindlig, obwohl ich normalerweise keine Höhenangst habe. Als ich mich daran gewöhnt hatte, konnte ich die Aussicht genießen. Und dann spürte ich auch eine Neugier in mir aufsteigen. So viele Jahre war ich nicht mehr dort oben gewesen. Der Blick über mein geliebtes Karwendelgebirge. Dort entsprang die Isar. Von oben reichte der Blick weit hinein nach Österreich, über die Benediktenwand, und in die andere Richtung sogar fast bis nach München, immerhin bis zum Starnberger See. War ich überhaupt schon einmal im Sommer hier oben gewesen? Ich konnte mich nicht erinnern. Aber plötzlich durchströmte meinen Körper das Gefühl der Vorfreude auf einen fantastischen Snowboardtag – mit Nick und den anderen aus meiner früheren Clique um neun schon auf der Piste. Pulverschnee, juche! Die Gondel holperte klackernd über mehrere Rollen.

Gonzo begann zu hecheln. Hecheln, das wusste ich von Stephanie, ist auch ein Zeichen für Stress. Damit wollte ich ihn nicht allein lassen. Ich streckte meine Zunge heraus und hechelte ebenso. Sofort hörte Gonzo auf. Dann wendete er den Blick ab, als wäre ihm mein Benehmen peinlich. Da musste ich grinsen und von diesem Moment an gefiel mir die Fahrt. Es faszinierte mich, wie klein die Dinge aussahen. Die große Welt da unten war von oben betrachtet nichts anderes als Monopoly. Die Häuser im Isartal sahen aus wie kleine Spielbausteine, dazwischen viel Feld und Wald und Wiesen. So weit reichte der Blick und so mächtig war das Massiv, in das wir hineinschwebten!

Unter uns liefen einige Wanderer in karierten Hemden mit Stöcken. Wie lang sie wohl schon unterwegs waren? Ich war mir noch nicht sicher, ob ich zu Fuß hinabsteigen oder erneut Gondel fahren wollte. Das hatte ich mir einfach offen gehalten. Es war wunderbar, dass ich nicht alles absichern musste. Ich könnte eine Rast machen an dem türkisen Speichersee, über den wir gerade schwebten. An den erinnerte ich mich gar nicht. Aus dem See wurden wahrscheinlich die Schneekanonen gespeist. Ob dieser Winter wohl viel Schnee bringen würde? Ob es mir gefallen würde, auf Kunstschnee zu snowboarden …?

Da sah ich schon die Bergstation. Ohne zu rumpeln, fuhr die Gondel in die kleine Halle. Die Tür öffnete sich, Gonzo sprang noch vor mir heraus und strebte eilig ins Freie. Es war ein bisschen windig und kühler als im Tal, aber nicht kalt. Ich schloss den Reißverschluss meiner Jacke. Gonzo wollte losstürmen. Er hatte jetzt lang genug still gesessen. Der kleine Kerl zog so heftig an der Leine, dass mir keine

Zeit blieb zu verweilen. Und wieder war alles anders, als ich es mir ausgemalt hatte. Ich hatte geglaubt, ich würde ergriffen in die Knie sinken, in Tränen ausbrechen, große Gefühle haben. Stattdessen rannte ich meinem Hund hinterher, der ein unstillbares Bewegungsbedürfnis hatte. Als wir uns 20, 30 Meter von der Bergstation entfernt hatten, ließ ich ihn von der Leine. Das Gezerre war mir zu anstrengend. Gut, dass Stephanie nicht dabei war. Die hätte womöglich verlangt, Gonzo sollte erst mal eine Weile ordentlich mit durchhängender Leine laufen. Aber heute war ich wie Gonzo. Ich wollte rennen. Doch ich traute mich nicht, denn es ging verdammt weit runter.

»Gonzo!«

Er kam sofort zurück.

»Vorsichtig, es ist so steil hier«, ermahnte ich ihn.

Und schon war er wieder weg. Ich folgte ihm ein wenig unsicher. Es ging wirklich sehr steil runter und ich hielt mich weit rechts an der Hangseite. Auf einem Schild waren mehrere Wanderrouten markiert, so zum Beispiel den Seufzerweg. Nein, den würden wir nicht nehmen. Ich entschied mich für den Idealhang und sagte das auch zu Gonzo, der längst seiner »Ideallinie« folgte, immer der Nase nach. Aber wie auch im Tal lief er nicht davon, blieb stets in meiner Nähe, wenn auch im Zickzacklauf. Erst nach und nach begriff ich, wo ich mich befand. Und konnte es kaum glauben. Ich sagte es mir mehrfach vor. Ich bin oben. Ich bin auf dem Brauneck. War das ein Traum? Jetzt wurde mir doch ein wenig schwummrig und ich spürte die Tränen in meinen Augen. Gonzo spürte sie auch. Mein kleiner Ritter lief ganze zehn Sekunden dicht bei mir, ehe es ihn wieder fortzog in das Abenteuer Alpen. Ich folgte ihm langsam, sog den Anblick des hinteren Braunecks mit »meinen« Skihängen in mich auf. Und dann konnte ich auch die Tölzer Hütte sehen. Da würde ich mir mein Leckerli abholen: die Dampfnudel.

Es herrschten wohl die richtigen Windverhältnisse: Auf dem westlichen Grat entdeckte ich einige Gleitschirmflieger. Wie oft hatte ich ihnen von unten zugeschaut? Es musste großartig sein, über dem Isartal zu schweben. Gonzo hatte die Gleitschirmflieger auch erspäht und wollte sie gern kennenlernen. Es waren drei Männer, wahrscheinlich jünger als ich, die sich auf ihren Flug vorbereiteten. Einer startete eben. Er lief den Hang hinab, sein Schirm wölbte sich und schon flog er. Frei wie ein Adler. Fasziniert beobachtete ich ihn eine Weile. So mutig wäre ich nie. Gonzo wohl schon, wie er bellend verkündete. Er wusste wohl noch nicht so genau, ob er die Jungs mit ihren komischen Leinen als gefährlich oder als Spielkameraden einschätzen sollte. Jedenfalls umrundete er sie und sah dabei trotz seiner nicht mal 30 Zentimeter recht angriffslustig aus. Um Himmels willen! Hoffentlich machte Gonzo nichts kaputt. Wenn er in einen Gleitschirm beißen würde! Ich rannte zu ihm. Einer der beiden Männer lachte mich an. »Der will wohl mitfliegen?«, fragte er.

»Bestimmt nicht!«, rief ich im Brustton der Überzeugung.

»Woher weißt du das denn?«, fragte er. »Gibt es nicht sogar Flughunde?«

»Und du?«, fragte sein Kumpel mich. »Traust du dich?«

»Nie!«, rief ich. »So was würde ich nie, nie machen. Ich bin doch nicht lebensmüde!«

Sie winkten mir zu, dann nahmen sie nacheinander Anlauf, flogen in den strahlend blauen Himmel und kreisten dort wie Vögel. Nein, ich war nicht lebensmüde, im Gegenteil: Ich war lebenshungrig.

Langsam lief ich zum Gipfelkreuz. Meine Beine waren noch immer weich, aber sie trugen mich. Niemals hätte ich vor einem Jahr vermutet, dass ich wieder hier oben stehen könnte. Wer weiß, sagte ich zu Gonzo, womöglich fliege ich im nächsten Jahr mit einem Gleitschirm. Doch ihm war das egal. Nächstes Jahr! Das war unendlich weit entfernt. Da war die Fährte jetzt vor seiner Nase wesentlich interessanter.

Ich hatte das Gefühl, dass die Luft hier oben rein und heilend war. Ich atmete tief, als müsste ich Jahre nachholen. Auch meine Augen hatten viel versäumt. Was für ein Panorama, was für eine Weite. Hier oben sah alles anders aus. Man musste sich nur trauen, 15 Minuten gondeln, um einen anderen Blick auf die Welt zu bekommen. Ich versuchte, mein Haus zu sehen, ich hätte ein Fernglas mitnehmen sollen. Allein die Kapelle am Kalvarienberg konnte ich erkennen. Der Zwiebelturm ragte niedlich empor. Da unten gehe ich normalerweise mit Gonzo Gassi, dachte ich. Wie oft hatte ich sehnsüchtig zum Brauneck hinaufgeschaut. Ich dachte an meinen Papa und unsere Wanderungen. Kleine Pfeifen aus Holz hatte er für mich und meine Schwester geschnitzt. Siehst du mich, Papa? Es geht bergauf mit mir, Papa.

Ich setzte mich auf einen Felsbrocken am Wegrand. Mein lieber Freund galoppierte begeistert zu mir und ließ sich mit einem Plumps ins Gras fallen. Ich hätte ihm gern so viel erzählt, aber das war ja nicht nötig. Er wusste doch längst alles. So schaute ich schweigend auf die Berge um uns herum, deren Namen ich einmal gewusst hatte. Ich konnte sie alle wieder lernen. Alles konnte ich mir zurückerobern.

Das Gipfelkreuz am Brauneck ist nicht besonders schön. Doch für mich war es in diesem Moment der schönste Ort der Welt. Ich leinte Gonzo an und ging andächtig darauf zu. Eine Woge wilder Gefühle durchflutete mich. Ich hätte gleichzeitig lachen und weinen können, doch ich war ja nicht allein. Ein knappes Dutzend Menschen hatte sich hier versammelt, ein Pärchen machte Brotzeit. Alles normal. Man bekam keinen Heulkrampf am Gipfel. Schon gar nicht, wenn man hochgegondelt war. Man bettelte fremde Leute auch nicht um Salami an. »Gonzo!«

»Ach, das ist ja ein süßer Kerl.«

»Ja«, sagte ich stolz. »Aber betteln darf er nicht.«

»Ich geb ihm aber gern was.«

»Bitte nicht.«

Entsetzt starrte Gonzo mich an. Wie konnte ich so unhöflich sein, das nette Angebot abzulehnen. So was machte man nicht! Aber ich machte noch ganz andere Sachen. Ich breitete die Arme aus, schaute in den Himmel und drehte mich langsam im Kreis. Und dann legte ich meine Hand an das Gipfelkreuz. Gespannt beobachtete Gonzo mich. Würde ich diesen Riesenstock jetzt werfen? Sollte er ihn apportieren? Konnte der kleine größenwahnsinnige Kerl nicht einen einzigen Moment ernst sein und die Bedeutung dieses Ausflugs anerkennen? Nein, konnte er nicht. Wie auch, mit Salami in der Nase. Und ... irgendwie hatte er ja auch recht. Was ist schon so ein Gipfelkreuz? Auch bloß ein Symbol. Ein Konstrukt wie Panik vor einem Stau oder einer Kassenschlange oder einer Gondel. Aber Gondeln beißen nicht. Das echte Leben, das riechst und schmeckst du. Manchmal riecht es wie Salami, manchmal wie nasser Hund, manchmal wie warmer Regen auf Asphalt.

»Stimmt's, Gonzo?«

Wie immer, wenn er seinen Namen hörte, wedelte er. Und rückte noch ein Stück näher an mich heran. Und so schauten wir Seite an Seite nach vorn.